DANS
LES BRAS
DE LA
LUMIÈRE

Betty J. Eadie

DANS LES BRAS DE LA LUMIÈRE

Avec la collaboration
de
Curtis Taylor

PRÉFACE
DU
DOCTEUR MELVIN MORSE

filipacchi

Je dédie ce livre :

A la lumière, mon Seigneur et Sauveur Jésus-Christ,
à qui je dois tout ce que je possède.
Il est le « bâton » sur lequel je m'appuie ;
sans lui, je tomberais.

A Joe, mon merveilleux mari, qui a été un « roc » mortel
de force et d'encouragement.

A mes huit enfants : Donna Marie, Cheryl Ann,
Glenn Allen, Cynthia Carol, Joseph Lee, Stewart Jeffery,
Thomas Britton et Betty Jean, qui sont
le « sel », la saveur de ma vie.

Et enfin, pour ne pas dire d'abord, à mes huit petits-enfants :
Kurt Andrew, Jessica Elizabeth, Zachary Britton, Natalie
Kathleen, Stephanie Leigh, Andrea Meggan, Jennifer
Leanne, et Keona Marie.
Ces petits êtres sont les joyaux de ma couronne.

PRÉFACE

La lecture de *Dans les bras de la lumière* m'a appris davantage sur le sujet des expériences au seuil de la mort que les dix années passées à étudier ces phénomènes et à recueillir les témoignages d'enfants et d'adultes ayant réchappé d'une mort clinique. *Dans les bras de la lumière* n'est pas seulement l'histoire de Betty Eadie succombant à une opération chirurgicale puis revenant à la vie ; c'est surtout un voyage au cœur du sens de la vie. Je me souviens d'un gamin qui annonça à ses parents, après avoir survécu à un arrêt cardiaque : « J'ai un secret merveilleux à vous dire : j'ai grimpé l'escalier du Paradis. » Il était trop jeune pour expliquer ce qu'il entendait par là. Ce livre est porteur du même secret merveilleux, un secret qui ne concerne pas la vie après la mort, mais simplement la vie.

Une expérience au seuil de la mort est en fait l'expérimentation de la mort. Chacun de nous la connaîtra au moment de mourir, riche ou pauvre, meurtrier ou saint. Auparavant, l'idée que je me faisais du trépas se limitait à l'entrée dans les ténèbres et à l'achèvement de la vie. Le médecin que je suis, et dont les responsabilités sont cruciales, avait vu mourir de nombreux enfants et adultes sans jamais trouver de raison de penser autrement. Ce ne fut qu'après avoir pris le temps de demander à ceux qui étaient revenus d'une mort clinique de me parler de cette expérience, que je compris que le processus de la mort est souvent délicieux et spirituel. Ce ne sont pas les ténèbres qui nous attendent à la fin de l'existence terrestre, mais plutôt une lumière tendre : une lumière, me dit un enfant, qui « a beaucoup de choses en elle. »

Les expériences au seuil de la mort ne sont pas causées par un manque d'oxygène dans le cerveau, ni par les médicaments, ni par les tensions psychologiques suscitées par la peur de mourir. Les recherches scientifiques conduites depuis presque vingt ans ont établi qu'elles sont le fait d'un processus naturel et normal. Nous avons même repéré une zone du cerveau qui nous permet de les vivre. Cela signifie qu'elles sont absolument réelles et non point le fait d'hallucinations de l'esprit. Elles sont aussi authentiques que tout autre perception humaine ; elles sont aussi indubitables que les maths, aussi vraies que le langage.

Voilà seulement huit ans que mon groupe de recherche de l'Université du Washington et de l'hôpital pour enfants de Seattle a publié cette information dans le « Bulletin pédiatrique de l'Association médicale américaine. » Bien qu'elle ait été imitée par des chercheurs du monde entier, notamment par l'Université de Floride, l'hôpital pour enfants de Boston, et par l'Université d'Utrecht en Hollande, notre recherche n'est pas encore admise de façon générale par le grand public. Malheureusement, notre société n'a toujours pas accepté les progrès scientifiques survenus au cours des deux précédentes décennies, en matière de compréhension du processus de la mort. Nous devons absolument nous rendre à l'évidence que nous sommes des êtres spirituels aussi bien que des machines biologiques. Notre société souffre de nombreux problèmes, notamment la santé dont on ne prend plus soin, la mort qui n'est plus digne, le culte de la cupidité qui a ruiné notre économie, les femmes et enfants sans domicile fixe qui sont la honte nationale, et tous sont dus au refus d'admettre que nous sommes des êtres spirituels dépendant mutuellement les uns des autres.

Dans les bras de la lumière nous enseigne que nos existences individuelles sont importantes et pleines de sens. Je suis sans cesse frappé de voir ceux qui ont été baignés dans la lumière de Dieu à la fin de leur vie, revenir avec un simple et beau message : « Je compris la suprématie de l'amour... Il doit dominer... Nous créons notre environnement par nos pensées... Nous sommes envoyés ici-bas pour vivre pleinement, pour mener une existence aussi riche que possible, pour trouver le bonheur au travers de nos propres créations, pour connaître l'échec et le succès... Nous devons faire usage de notre libre arbitre afin de développer et de sublimer notre vie. » Betty, sortie de la mort clinique, ne proclame pas qu'elle va fonder un nouveau culte ou produire des miracles qui guériront les maladies, elle revient avec un simple message d'amour. La signification d'une telle expérience, nous la connaissons tous, mais nous l'avons oubliée : « Nous devons nous aimer les uns les autres. Il faut nous montrer bons, tolérants, généreux et serviables. »

Ce livre est un véritable manuel de l'expérience au seuil de la mort, écrit comme une pure et merveilleuse histoire que nous pouvons tous comprendre. Je n'ai jamais connu rien de semblable, pas même sur le plan spirituel, et, ce que de nombreuses personnes me confiaient, me laissait quelque peu dans le doute. Le plus difficile pour les sceptiques qui veulent voir ou toucher, est certainement de saisir ce que cela peut être de sortir de son corps physique, et combien la mort est capable de s'avérer agréable. Le livre de Betty Eadie illustre les étapes de l'expérience avec une écriture superbe qui nous ouvre la voie ; elle rend l'inconnu compréhensible.

Quand la mort vint la chercher, elle sentit son corps s'affaiblir progressivement. Puis elle éprouva « une montée d'énergie. Quelque chose en moi me fit l'effet d'éclater ou de se dégager. Ma première impression fut d'être délivrée, et elle n'avait rien d'anormal. » Elle rencontra alors les âmes gardiennes qui l'aidèrent à comprendre des choses importantes au sujet de sa vie et de ses rapports avec sa famille. Elles l'assistèrent dans son passage à la mort. Elle entra dans l'obscurité et traversa un tunnel sombre. « Ce doit être ici que se trouve la vallée de l'ombre de la mort, pensa-t-elle. De toute mon existence, je n'avais jamais été aussi sereine. »

Ce qu'elle a vécu répond à des questions que les gens m'ont posées pendant des années au sujet d'expériences au seuil de la mort, et auxquelles je n'ai jamais su répondre. Elle donne la description de sa vie de l'autre côté, disant qu'elle ne fut jamais jugée par les autres, mais plutôt par elle-même. Elle explique la signification et les causes des impressions négatives aux frontières de la mort, et pourquoi certaines personnes en sont profondément troublées. Elle raconte pourquoi la vie est rarement facile et pourquoi le malheur frappe souvent les vertueux. Elle éclaire la raison pour laquelle ceux qui meurent rechignent souvent à retourner dans leur corps. « Le poids et la froideur [du corps] me répugnèrent, dit-elle. Après les joies de la liberté spirituelle, je redevenais prisonnière de la chair. »

Ce qu'a connu Betty n'était pas une première. Elle y avait été préparée dans son enfance par une aventure semblable. Chez les enfants, les expériences au seuil de la mort sont simples et pures, et aucune attente de caractère culturel ou religieux ne vient les troubler. Ils ne la refoulent pas, comme le font souvent les adultes, et n'ont aucune difficulté à intégrer les implications spirituelles de la vision de Dieu. Je n'oublierai jamais une petite fille de cinq ans qui, un jour, m'annonça timidement : « J'ai parlé à Jésus et il était gentil. Il m'a dit que c'était pas maintenant que je devais mourir. » Les enfants se souviennent bien plus souvent que les adultes de leur expérience au seuil de la mort, et il résulte de celle-ci qu'ils ont davantage de facilité, à l'âge adulte, à accepter et à comprendre leur propre spiritualité. Si, plus tard, ils en vivent une autre, elle est généralement exceptionnellement forte et complète.

Betty Eadie nous rappelle que ces « voyages » aux frontières de la mort sont surtout importants pour ce qu'ils nous enseignent au sujet de la vie. Ce n'est que durant les quelques siècles passés que nous avons décidé que l'homme n'a pas d'âme et que, par conséquent, il n'y a pas de vie après la mort. Cela a directement conduit à une crainte anormale de mourir dont notre existence s'imprègne, et qui nous empêche de la vivre pleinement. Betty nous apprend que le fait de savoir que la mort est spirituelle ne mène pas au désir de mourir, mais à celui de vivre plus complètement la vie. « Je savais maintenant que Dieu existait vraiment, dit-elle. Je ne croyais plus en une puissance universelle, mais je voyais [...] un être tendre qui avait créé l'Univers... »

Une gamine me confia un jour qu'elle avait compris à sa mort qu'elle possédait « une autre vie. » Elle m'avoua qu'elle avait entendu parler du Paradis au catéchisme, mais qu'elle n'y croyait franchement pas. Après être morte puis revenue à la vie, elle n'éprouva plus aucune peur du trépas, car elle avait maintenant le sentiment d'en savoir un peu plus. Elle ne voulait pas mourir à nouveau, ayant appris que « la vie est pour vivre, et la lumière est pour plus tard. » Je lui demandai de quelle manière l'expérience l'avait changée, et elle me répondit après un long silence : « C'est bon d'être bon. »

Dans les bras de la lumière nous enseigne la même leçon : « Si nous sommes bons, nous serons heureux. » Betty demanda à Jésus : « Pourquoi l'ai-je ignoré avant ? » Et la réponse fut : « Avant de parvenir à la béatitude, tu dois connaître le chagrin. » Cette simple phrase a changé ma manière d'appréhender la vie. C'est une chose que je savais « avant » ; en fait, je l'avais entendue tout au long de ma vie. Je réalise, après avoir lu le livre de Betty, que mon existence en a été transformée, que j'ai besoin de retrouver les vérités simples que j'ai toujours connues mais négligées.

Indienne de nationalité américaine, Betty poursuivit ses études dans un pensionnat. Devant l'école, une grande pancarte disait : « Où il n'y a pas de vision, le peuple périt. » Notre société a perdu le contact avec ses croyances et ses visions, d'où le désordre macabre qu'est devenue la mort, où les malades meurent cachés dans des hôpitaux, avec pour seule compagnie des machines qui ont pris la place des parents et des amis. Nous avons oublié comment mourir, car cet événement ne fait plus partie de la vie courante. Parallèlement, nous avons oublié comment vivre. Joseph Campbell, le grand mythologue, affirmait que de nombreux problèmes du monde moderne, de la toxicomanie à la violence urbaine, provenaient du défaut collectif de vision spirituelle. Nous avons gommé le fait que l'existence quotidienne est spirituellement importante.

Dans les bras de la lumière renferme un secret sublime, un secret que vous connaissez déjà. C'est celui que les grands prophètes et les chefs spirituels ont tenté de nous transmettre pendant des milliers d'années. Betty Eadie l'a appris en approchant la mort. Il a le pouvoir de changer votre vie.

Melvin MORSE.
Médecin, chroniqueur au « New York Times. »

1

Le premier soir

Quelque chose n'allait pas. Joe, mon mari, avait quitté ma chambre d'hôpital depuis à peine deux ou trois minutes, et j'étais déjà saisie par un pressentiment. Je serai seule toute la nuit, seule à la veille d'une de mes épreuves les plus effrayantes. Des pensées de mort commençaient à se glisser dans mon esprit. Des pensées telles qu'il ne m'en était pas venu depuis des années. Pourquoi, maintenant, se faisaient-elles si envahissantes ?

C'était le soir du 18 novembre 1973. On m'avait admise à l'hôpital pour y subir une hystérectomie partielle. A trente et un ans, j'étais mère de sept enfants, et, ma santé étant par ailleurs excellente, j'avais choisi de suivre le conseil de mon médecin : me faire opérer. Joe et moi-même étions confiants. Je l'étais encore, mais maintenant autre chose me préoccupait — comme une appréhension impossible à déterminer.

Au cours de nos années de mariage, nous n'avions passé que de rares nuits séparés. J'essayais de penser à notre famille et à l'intimité particulière que nous appréciions. Bien qu'il y eût six enfants à la maison (l'une avait été emportée par le syndrome de mort subite des nourrissons), nous hésitions parfois à les quitter. Même à l'occasion de nos soirées en tête à tête, nous restions chez nous et les laissions organiser pour nous nos « rendez-vous ». Souvent, ils nous préparaient un dîner, disposant des bougies dans le salon où un feu crépitait dans la cheminée. Généralement, ils complétaient l'ambiance par une musique adéquate — peut-être pas celle que nous aurions choisie, mais une musique néanmoins fort agréable. Je me souvins de la soirée où ils nous avaient servi de la cuisine chinoise sur une table basse décorée, après avoir installé de grands coussins pour que nous nous sentions confortables. Il avaient baissé la lumière, nous avaient souhaité une bonne nuit et avaient grimpé l'escalier en pouffant. Joe et moi-même pensions avoir trouvé un petit coin de paradis sur Terre.

Je songeais à ma chance d'avoir un compagnon aussi tendre et prévenant que Joe. Il avait pris un congé pour être auprès de moi avant mon hospitalisation, et prévu de passer une autre semaine à la maison pendant que je récupérerai. Lui et nos deux filles aînées, âgées de quinze et quatorze ans, projetaient déjà un formidable dîner de Thanksgiving[1].

Mon appréhension se faisait plus oppressante. Peut-être était-elle due à l'obscurité de ma chambre, cette même peur du noir, si terrible, que j'avais appris à craindre dans mon enfance. Ou bien ces sensations de mauvais augure provenaient-elles d'une autre expérience, vécue dans un hôpital des années auparavant, source intarissable de questions — et d'émerveillement.

1. Fête littéralement d'actions de grâces, célébrée selon la tradition aux Etats-Unis le dernier jeudi du mois de novembre. (N. d. T.)

Quand j'atteignis l'âge de quatre ans, mes parents se quittèrent. Mon père affirmait que : « se marier à notre époque avec une Indienne est la pire des choses qu'un homme puisse faire. » C'était un blond d'origine irlando-écossaise, et elle était sioux de pure souche. Septième d'une famille de dix enfants, je n'avais guère eu le temps de connaître mes parents avant leur séparation. Ma mère retourna vivre dans la réserve, et mon père rejoignit ses parents en ville. A cette époque, six d'entre nous furent placés dans un pensionnat catholique.

Ce fut lors de mon premier hiver dans cette institution que je contractai une toux effroyable et me mis à trembler sans arrêt. Quarante filles partageaient un grand dortoir, et je me remémore une nuit où je descendis de mon lit pour me coucher dans celui de Joyce, ma sœur. Allongées côte à côte, nous pleurâmes — moi, de fièvre, et elle, d'angoisse pour moi. Quand une des religieuses vint faire sa ronde, elle me surprit dans cette situation et me reconduisit à mon lit, lequel était froid et humide de sueur. Joyce tenta de la convaincre de ma maladie, mais sans succès. Finalement, la troisième nuit, je fus hospitalisée.

Le médecin diagnostiqua une coqueluche et une double pneumonie, et demanda à une infirmière de prévenir mes parents. Il lui avoua, je m'en souviens, qu'il n'espérait pas me voir passer la nuit. Etendue sur le lit, brûlante de fièvre, je glissais dans le sommeil pour en sortir l'instant suivant. A un moment, je sentis des mains sur ma tête et, levant les yeux, j'aperçus une infirmière penchée sur moi. Elle me caressa les cheveux en disant : « Ce n'est qu'un bébé. » Je n'oublierai jamais la gentillesse contenue dans ces mots. Je me blottis plus profondément au creux des couvertures et trouvai la chaleur et le soulagement. Ses paroles m'avaient apaisée, et je fermai les paupières pour me rendormir.

Je fus réveillée par la voix du médecin : « C'est trop tard.

Nous l'avons perdue. » On tira alors les couvertures au-dessus de ma tête. Je fus troublée. Pourquoi était-ce trop tard ? Je regardai autour de moi. Rien ne me parut anormal, si ce n'est que l'on m'avait entièrement recouverte. Le médecin et l'infirmière étaient près du lit. La chambre baignait à présent dans une lumière plus claire qu'avant. Le lit me faisait l'effet d'être beaucoup trop grand pour moi et j'eus alors cette pensée : « Je suis comme une petite bestiole brune dans cet immense lit blanc. » Puis le docteur s'absenta, et je pris conscience d'une autre présence toute proche. Soudain, je n'étais plus allongée sur le lit. Je me trouvais dans les bras de quelqu'un. Je levai les yeux. Un homme avec une belle barbe blanche me regardait. Et sa barbe me fascinait. Une lumière éclatante y scintillait, une lumière dont la source était à l'intérieur. Je gloussai et y passai les mains en formant des boucles autour de mes doigts. J'étais parfaitement sereine et heureuse qu'il fût là. Il me berça doucement dans ses bras. J'ignorais qui il était, mais je ne voulais plus jamais le quitter.

« Elle respire à nouveau ! », cria l'infirmière, et le médecin accourut. Mais la chambre était différente. J'avais été transférée dans un lieu plus petit et très sombre. L'homme à la barbe blanche avait disparu. Mon corps était trempé par la fièvre, et j'étais paniquée. Le médecin alluma la lumière et ils me ramenèrent dans la première chambre.

Quand mes parents arrivèrent, on leur annonça qu'ils avaient failli me perdre. J'entendis ces mots et ne les saisis pourtant pas. Comment aurais-je pu être perdue puisque j'étais restée là tout le temps ? Mais je fus soulagée de revoir mes parents, eux qui me connaissaient et m'aimaient vraiment. Je leur demandai qui était cet homme et où il était parti, mais ils ne comprirent pas mes propos. Je leur confiai que le médecin avait déclaré qu'il était trop tard, et qu'un homme dont la barbe émettait une lumière blanche était venu et m'avait tenue dans ses bras. Ils ne trouvèrent jamais d'explication à ce que j'avais alors avancé. Il m'appartiendrait, tout au long de ma jeunesse, de chérir cette expérience comme une oasis d'amour. Le souvenir que j'en garde ne s'est jamais altéré, et chaque fois qu'il ressurgit, je perçois la sérénité et le bonheur éprouvés dans ses bras.

J'essayais de rassembler ce passé, cependant que l'obscurité s'infiltrait dans ma chambre. Depuis que, dans ma prime enfance, on m'avait éloignée de mes parents, rester dans le noir me terrifiait. Aujourd'hui, à nouveau seule dans la pénombre, une étrange sensation me hantait. La mort planait tout autour de moi. Mes pensées s'en gorgeaient, s'y soumettaient. La mort. La mort et Dieu. Elle et Lui semblaient éternellement liés. Qu'est-ce qui m'attendait de l'autre côté ? Si je devais mourir demain, que trouverais-je ? La mort éternelle ? L'éternité avec un Dieu vindicatif ? Je n'étais sûre de rien. Et à quoi Dieu ressemblait-il ? J'espérais seulement qu'il n'était *pas* ce que j'avais appris de lui au pensionnat.

Je me rappelle encore les détails architecturaux de cette première école, ses gigantesques murs de brique, ses chambres sombres et froides. Une clôture en fil de fer séparait le dortoir des garçons de celui des filles, et une deuxième délimitait le périmètre de l'établissement. Nous étions isolés du monde, et loin les uns des autres. Comment oublier cette matinée de la première journée, quand mes frères furent conduits vers un bâtiment différent de celui où on me fit pénétrer avec mes sœurs ? Je reverrai toujours avec quels yeux apeurés ils nous regardèrent une dernière fois. Je crus que mon cœur allait se briser.

On nous dirigea vers une petite pièce où les religieuses nous aspergèrent de lotion antipoux et nous coupèrent les cheveux. Puis, on nous remit deux robes : une couleur pour une semaine, une couleur pour la suivante. Ces uniformes permettraient aisément d'identifier les fugueuses. Thelma, notre sœur aînée que nous appelions Sis, fut obligée de nous quitter pour gagner une salle réservée aux filles plus âgées. Ce premier soir, Joyce et moi nous mîmes en rang avec l'ensemble des pensionnaires et marchâmes vers le dortoir où chacune dut rester debout près de son lit jusqu'à ce que la sœur sifflât. Alors seulement, nous nous glissâmes promptement sous les couvertures. La lumière fut éteinte et la porte verrouillée de l'extérieur. Etre enfermée dans cette grande pièce plongée dans le noir m'horrifiait. J'attendis, terrorisée, que le sommeil reconnaissant triomphât de moi.

Le dimanche, tous les enfants allaient à la messe, ce qui nous offrait l'occasion de voir nos frères de l'autre côté de la chapelle. La première fois, comme je me frayais un passage à travers la foule des filles pour les apercevoir, je reçus un choc au niveau de la tête. Je me retournai et me trouvai face à face avec une longue perche terminée par une boule en caoutchouc. Les sœurs se servaient de cet instrument pour corriger notre comportement à l'église, et ce fut loin d'être la dernière fois que j'en tâtai. Parce que je comprenais difficilement la signification des cloches et surtout quand je devais m'agenouiller, je fus souvent la cible de cette perche. Malgré tout, je parvins à voir mes frères, et cela valut bien le châtiment de la boule.

On nous prodiguait un enseignement religieux, et on m'informa sur certaines choses auxquelles je n'avais jamais réfléchi auparavant. On nous dit que nous, les Indiens, étions des païens et des pécheurs. Evidemment, je le crus. Ces religieuses étaient des êtres d'exception aux yeux de Dieu, et on nous inculqua qu'elles étaient là pour nous aider. Thelma fut souvent battue avec un petit tuyau, puis contrainte à remercier la sœur pour ses coups, ou à en recevoir d'autres. Puisqu'elles étaient les servantes élues de Dieu, à cause d'elles, je me mis à Le craindre énormément. Tout ce que j'apprenais à son sujet intensifiait cette peur. Il me paraissait colérique, impatient et très puissant. J'en conclus donc qu'Il m'anéantirait ou m'expédierait tout droit en Enfer le jour du Jugement dernier — ou avant cela si je Le croisais. J'espérais bien ne jamais rencontrer ce dieu de pensionnat.

Je consultai la grande pendule accrochée au mur. Quelques minutes seulement s'étaient écoulées depuis que Joe était parti. *Quelques minutes.* La petite lampe au-dessus du lavabo de ma chambre diffusait suffisamment de lumière pour projeter des ombres noires, des ombres suspendues à mon imagination comme des cauchemars de mon passé. « Mon esprit s'emballe », pensai-je. Excité par mon isolement, il galopait dans les couloirs sombres de ma mémoire. Je devais le contrôler afin de trouver la paix, ou bien la nuit serait interminable. Je m'installai confortablement et partis à la recherche de souvenirs plus heureux.

Un rayon de lumière se mit à briller.

La Brainard Indian Training School était administrée par des méthodistes, disciples de Wesley[1]. Devant l'école se trouvait une grande pancarte. J'en lus l'inscription le premier jour et je ne l'oublierai jamais : « Où il n'y a pas de vision, le peuple périt. » Je me dis évidemment que la formule s'appliquait aux Indiens et que, Brainard étant un lieu d'apprentissage, nous devions tenter d'y acquérir plus de vision. Cette pensée fut probablement renforcée par d'autres panneaux que j'aperçus en ville, comme celui qui stipulait : « Interdit aux Indiens et aux chiens. »

La Brainard Indian Training School se révéla une expérience plus positive que ne l'avaient été mes précédentes écoles. Nous jouissions d'une atmosphère douillette et moins rigoureuse, et les professeurs avaient l'air d'apprécier la fréquentation des étudiants. On m'enseigna que Dieu n'avait pas la même image selon les gens. Au lieu du Seigneur colérique et vindicatif que l'on m'avait présenté, on m'instruisait ici d'un être plus heureux, et qui aimait que nous le fussions aussi. Lors de nos dévotions, on entendait souvent crier « Amen » ou « Alléluia », et il me fallut un temps d'adaptation à ces éclats soudains. Je reconnaissais qu'il existait différentes manières d'appréhender Dieu et de Le vénérer, mais je crois que je demeurais convaincue qu'Il était tout de même Celui qui me punirait si je devais mourir et apparaître devant Lui.

L'été, j'allais aux églises luthérienne et baptiste, et occasionnellement à l'Armée du Salut. Le choix de l'église que je fréquentais était selon moi moins important que le fait de m'y rendre. Ma curiosité envers Dieu se développait à mesure que je mûrissais, car je savais qu'Il jouait un rôle prépondérant dans ma vie. Seulement, je n'étais sûre ni de

1. Réformateur religieux anglais (1703-1791). Sa doctrine affirme la liberté humaine, la sanctification subite, et la conviction intérieure comme signe suffisant du salut. (N. d. T.)

la nature de ce rôle, ni de la manière dont il m'affecterait tandis que je grandirai. Je m'approchais de Lui par la prière afin d'obtenir des réponses, mais je n'avais pas la sensation qu'Il m'entendait. Mes paroles semblaient se dissiper dans les airs. A onze ans, je m'armai de courage et demandai à l'infirmière de l'école si elle croyait vraiment en Son existence. J'étais persuadée que si quelqu'un *savait*, c'était bien elle. Mais au lieu de me répondre, elle me gifla, offusquée parce que j'osais en douter. Elle m'ordonna de m'agenouiller et de prier pour Sa miséricorde. Je lui obéis, sûre que j'étais maintenant condamnée à l'Enfer pour mon manque de foi, parce que j'avais remis en question l'existence de Dieu. Dès lors, j'étais certaine de ne jamais pouvoir être pardonnée.

Plus tard, ce même été, je rentrai chez mon père et vécus une expérience qui me paralysa de peur. Un soir, après m'être couchée, j'écartai les rideaux de la fenêtre voisine de mon lit et m'étendis pour observer les étoiles et les nuages qui traversaient le ciel, ce que j'aimais faire depuis ma prime enfance. Soudain, mon regard fut frappé par un rayon de lumière blanche qui surgissait d'un nuage. J'en restai glacée d'effroi. Il se balançait, comme s'il cherchait quelqu'un. Je sus que c'était là le second avènement de Jésus, et je criai à pleins poumons. On m'avait enseigné qu'Il viendrait tel un voleur dans la nuit, emmènerait les vertueux avec Lui, et brûlerait les malfaisants. Il fallut des heures à mon père pour me calmer et me convaincre que j'avais tout simplement aperçu le banal faisceau d'un projecteur annonçant l'arrivée d'un carnaval en ville. C'était la première fois que j'en voyais un. Je fermai les rideaux et n'admirai plus les étoiles pendant un certain temps.

Ma quête du véritable caractère de Dieu continua. Je me souviens d'avoir assisté à des messes dans des églises de différentes confessions, et d'avoir appris par cœur de nombreux passages du Nouveau Testament. J'en vins à croire que, quand quelqu'un mourait, son âme restait dans la tombe avec le corps, jusqu'au jour de la Résurrection. Puis le Christ arriverait, et les vertueux se lèveraient pour être avec Lui. Je pensai souvent à cela, appréhendant toujours ma propre mort et les ténèbres qui lui succéderaient.

2

La nuit s'épaissit

Les rideaux de ma chambre d'hôpital étaient maintenant fermés. Etait-ce moi qui avais accompli ce geste ? Je regardai à nouveau la pendule et faillis me lever pour vérifier qu'elle était branchée. Le temps semblait s'être arrêté. J'avais besoin de parler à quelqu'un. Peut-être une infirmière viendrait-elle me voir ou, encore mieux, pourrais-je téléphoner chez moi. J'étendis le bras pour prendre le combiné. Quelques instants après avoir composé le numéro, Donna, notre fille de quinze ans, décrocha. Elle me demanda immédiatement si j'allais bien. Curieusement, cela me conforta de percevoir une pointe de souci dans sa voix. Je la rassurai mais ajoutai que je me sentais un peu seule. « Papa n'est pas encore rentré », me dit-elle. Mon cœur flancha. Je voulais à tout prix l'entendre. « Maman ? ça va ? », s'inquiéta-t-elle, et je lui répondis par l'affirmative. Mais j'avais envie de rétorquer : « S'il te plaît, trouve papa et renvoie-le moi ! Fais-le venir ici dès que possible ! » Mes appréhensions croissaient.

Je distinguai de petites voix dans le téléphone : « Je veux parler à maman ! » ; « Hé !, donne-moi le téléphone ! » ; « Je vais le répéter à papa ! » Et les bruits banals de la maison me calmèrent. Je passai la demi-heure suivante à souhaiter une bonne nuit à chacun de mes enfants. Mais, quand j'eus raccroché, la solitude fondit sur moi comme un épais nuage. La chambre parut s'assombrir, et notre domicile me fit l'effet d'être à des millions de kilomètres de l'hôpital, alors qu'il n'était situé qu'à l'autre bout de la ville. Ma famille m'était vitale, et en être éloignée m'angoissait, me peinait. Mais je songeai de nouveau à mes six enfants et, bien sûr, à mon mari, Joe. Je m'en trouvai mieux. A cet instant, personne au monde n'aurait pu me convaincre que dans quelques heures seulement je me soucierai peu de jamais les rejoindre — qu'en fait, je supplierai de *ne pas* retourner auprès d'eux.

J'avais toujours pensé que ma famille finirait par remplacer celle qui m'avait manqué dans ma jeunesse. Je m'étais promis, quand je me mariai et eus mon premier bébé, qu'elle serait mon principal centre d'intérêt et mon plus doux refuge. Je m'étais juré d'aimer mon mari, de l'accompagner dans toutes les épreuves, et de toujours offrir à nos enfants la réalité d'un couple uni.

A quinze ans, on m'envoya vivre chez ma mère. Mon père estimait qu'une jeune fille en pleine croissance n'avait sa place ni dans un pensionnat ni avec lui. D'autre part, maman travaillait à plein temps et avait besoin d'une baby-sitter. J'arrêtai donc mes études, et je restai à la maison pour m'occuper de ma plus jeune sœur. Je passai mes journées enfermée, regardant les gamins du voisinage partir à l'école le matin et en revenir l'après-midi. C'est alors que je commençai à m'apitoyer sur mon sort. J'avais encore mal défini la notion d'éducation au sens où je l'entendrai plus tard, mais je savais que je souffrais de l'absence de camarades et de mes autres frères et sœurs.

J'en vins rapidement à la conclusion que ma seule issue était de me marier et de fonder moi-même une famille. J'avais le sentiment que ma vie n'obéissait qu'aux besoins des autres, et que je perdais le droit à tout bonheur personnel. Je voulais des vêtements à moi, un lit à moi, une maison à moi. Je désirais un mari en qui j'aurais confiance et dont l'amour transcenderait tous les incidents de notre existence.

Ce fut donc naturellement que je tombai éperdument amoureuse du garçon d'en face, et que je l'épousai au printemps suivant. Mon père s'y opposa farouchement, mais j'habitais avec ma mère et elle y était favorable. J'avais quinze ans et étais trop naïve pour me rendre compte des exigences générées par la vie de couple. Notre immaturité et l'extrême divergence de nos ambitions eurent raison, au bout de six ans, de notre mariage. Mon rêve était brisé, et mon âme blessée ne se cicatriserait qu'à force de patience et d'amour. Cependant, je n'ai jamais regretté cette union, car elle m'a donné quatre beaux enfants. Ce furent d'abord deux filles, Donna et Cheryl, puis un fils, Glenn. Notre petite dernière, Cynthia, succomba à trois mois, suite au syndrome de mort subite des nourrissons.

J'ai rencontré Joe à une soirée dansante, le Noël qui succéda à mon divorce. Il était en garnison à la base aérienne de Stead, près de Reno, dans le Nevada, où j'étais alors installée. Joe avait également divorcé, et je découvris, en faisant sa connaissance, que nous avions de nombreux points communs. Ses antécédents étaient similaires aux miens, et il rêvait aussi d'une cellule familiale solide. En fait, nous allions très bien ensemble. Même mes enfants souhaitaient qu'il vécût avec nous, peut-être même plus que moi au début. L'heure de notre mariage ne se fit donc pas attendre.

Cette période me parut presque trop belle pour être

vraie. Joe possédait en lui une tendresse que je n'avais encore jamais ressentie. Il était incroyablement patient avec les enfants, mais demeurait suffisamment ferme pour qu'ils répondent à son amour. Le soir, c'était à celui qui arriverait le premier à la porte pour l'accueillir à son retour du travail. Joe se comporta dès le début, et à tous points de vue, comme leur « papa. »

Nous *voulions* rester ensemble, et ceci, conjugué avec notre maturité grandissante, est le véritable nœud qui a scellé notre couple au fil des ans. Tandis que nous quittions un lieu pour un autre en nous efforçant de nous adapter au mieux, nous prîmes l'engagement simple de tout faire pour maintenir l'unité de notre foyer, quel qu'en serait le prix. Nos volontés convergeaient d'abord vers les besoins de la famille, ensuite vers nous-mêmes.

En juillet 1963, Joe fut muté à la base aérienne de Randolph, à San Antonio dans le Texas. L'informatique en était à ses débuts, et on offrit à Joe d'apprendre la programmation. Au cours des quatre années de notre séjour texan, je donnai naissance à deux garçons, Joseph Jr. et Stewart Jeffery.

Nous vivions comme dans un rêve. Nous possédions une voiture neuve et avions acquis une maison *tout équipée avec l'air conditionné*. Les gamins ne manquaient de rien et surtout pas de vêtements, et je pouvais rester à la maison pour m'occuper d'eux. J'étais au comble du bonheur. Le sentiment de sécurité et de sérénité que j'éprouvais avait estompé le cruel souvenir des pensionnats, de la solitude de mon enfance et de mon mariage rompu. Pourtant, je savais que quelque chose nous faisait terriblement défaut.

Je priais toujours, mais mon rapport avec Dieu était distant et empreint de crainte. Je ne doutais pas qu'Il eût répondu à mes prières de temps en temps — notamment après mon divorce ; quand je L'avais imploré pour trouver un homme tendre et patient qui m'aiderait à élever mes petits, Il m'avait littéralement menée à Joe. J'étais convaincue que Dieu existait et qu'Il aimait ses enfants — en dépit de sa vengeance professée — mais je n'avais aucune idée de la manière d'intégrer cet amour à ma vie et de le partager avec les miens. Je discutai le problème avec Joe, et suggérai que nous participions à un culte. Il se montra peu enthousiaste, surtout à cause d'anciennes expériences qui avaient ébranlé ses convictions religieuses. Je respectai sa position, mais cherchai néanmoins à insuffler à notre famille un sens de la foi plus aigu. Nous fréquentâmes quelques églises locales sans réelle ferveur, puis j'abandonnai rapidement la bataille. Ma foi demeurerait incertaine pendant plusieurs années.

L'infirmière pénétra dans ma chambre et mit un terme à mes songes. Elle tenait une coupelle de somnifères, mais je les refusai au nom de mon aversion pour la quasi-totalité des médications. Ma peur des médicaments remontait à très loin, et j'avais même rarement avalé une aspirine, préférant braver la migraine et la maladie. Elle sortit, me laissant à nouveau seule avec mes pensées. Dans l'extrême solitude de la nuit, j'étais désormais préoccupée par mon intervention qui devait avoir lieu dans quelques heures. Tout se passerait-il bien ? Un grand nombre d'histoires de décès sur la table d'opération me revenaient en mémoire. Connaîtrai-je le même sort ? Des images de cimetières envahissaient mon esprit. Je me représentais des pierres tombales et des croix, que des squelettes, enfouis dans leurs cercueils, portaient au cou. Je réfléchis aux derniers sacrements dont j'avais entendu parler dans ma jeunesse. J'essayais de comprendre pourquoi les morts étaient enterrés avec une croix. Etait-ce pour prouver à Dieu qu'ils étaient des saints ? Ou étaient-ils des pécheurs désireux de la protection des démons de l'Enfer ? Les ténèbres m'attirant à elles, la mélancolie s'écrasa sur moi, et j'attrapai la sonnette pour appeler l'infirmière.

« Avez-vous des cachets ? », lui demandai-je, quand elle entra. Elle m'adressa d'abord un regard perplexe, puis me procura les somnifères. Je les avalai et la remerciai comme elle éteignit la lumière et ferma la porte. Après quelques instants, je sentis le sommeil s'abattre sur moi. Je récitai mes prières et m'endormis.

3

Le deuxième jour

L'aube arriva vite. Les rayons du soleil caressaient la lisière des rideaux. L'opération était prévue pour midi. Je pouvais soit sortir du sommeil et attendre pendant des heures, soit m'offrir le luxe d'une grasse matinée. J'étais encore assommée par les somnifères, ou peut-être épuisée par la peur et l'anxiété de la veille. Maintenant que la lumière du matin illuminait ma chambre, j'étais détendue et me souvenais de mon dernier séjour hospitalier. Mes craintes de la nuit passée étaient insignifiantes en comparaison de celles que j'avais éprouvées alors. Dans le cas présent, au moins, je savais ce qui *devait* arriver.

Joe prit sa retraite de l'armée de l'air en 1967, et nous avions envisagé les nombreuses options qui s'offraient à lui en vue d'une nouvelle activité civile. L'informatique faisait l'objet d'une industrie naissante, et sa formation le qualifiait pour entamer une seconde carrière où bon lui semblerait. Tout ce que nous avions à décider, c'était la région où nous désirions habiter. Nous choisîmes finalement la côte nord du Pacifique, où Joe occuperait un poste dans une importante compagnie aérospatiale. Nous estimions que le climat nous offrirait un plaisant contraste avec le temps chaud et sec auquel nous nous étions accoutumés au Texas. Et puis, nous pourrions ainsi vivre auprès de mon père et de sa nouvelle épouse qui résidaient maintenant dans le Nord-Ouest.

Peu de temps après notre installation, je me retrouvai enceinte de notre septième enfant. Nous nous serions bien passés de ce genre de surprise. D'abord, nous pensions que nous ne pouvions pas élever correctement plus de cinq enfants, aussi avions-nous pris les précautions nécessaires... enfin, c'est ce que nous imaginions ! Les six précédentes grossesses avaient affaibli mon corps et le gynécologue m'avait dissuadée d'en assumer une autre.

Lors du troisième mois, des saignements et de violentes contractions se déclenchèrent. Les médecins me dirent que je perdais les eaux. Pour cette raison, à laquelle s'ajoutèrent d'autres complications, ils étaient certains que je ferai vite une fausse couche. Comme les hémorragies continuaient, je fus admise pour une semaine à l'hôpital. Il n'y avait qu'à attendre que le fœtus se détache de lui-même. Mais il apparut que ma grossesse ne s'interromprait pas, et l'un des médecins me suggéra d'envisager l'avortement. Il pensait que le bébé, si je le portais jusqu'à son terme, aurait la probable malchance de naître avec une infirmité. Je n'avais aucune raison de douter de son diagnostic. Après en avoir discuté avec Joe, nous optâmes pour l'opération.

La veille de l'avortement, je restai à l'hôpital. Une autre équipe de spécialistes confirma le bien-fondé de l'I. V. G. Pourtant, le dernier médecin qui sortit de ma chambre me murmura : « Nous ne comprenons pas pourquoi ce petit gars s'accroche comme ça ! » Un frisson me traversa et je pensai : « Ne fais pas ça. Tu dois garder cet enfant. Il veut vivre. »

Quand Joe, ce soir-là, me rendit visite, je lui racontai ce que l'on m'avait dit, et lui fit part de mon intuition selon laquelle il ne fallait pas que je me débarrasse de cet enfant. Nous pesâmes le pour et le contre, sans négliger l'éventualité d'un enfant difforme, ce que nous ne souhaitions ni lui ni moi. Mais je savais que si j'avortais, je ne pourrais plus jamais garder la tête haute. Joe en convint et, plus tard dans la soirée, nous nous réunîmes avec les médecins pour leur expliquer nos légitimes scrupules. Ils ne voulurent rien entendre, et affirmèrent qu'aucun de leur confrères n'approuverait la poursuite de la grossesse.

Je quittai l'hôpital le lendemain et cherchai un médecin qui consentirait à surveiller mon cas délicat. Je réussis à trouver un jeune praticien qui venait d'ouvrir son cabinet après plusieurs années passées dans l'armée de l'air. En raison de leurs antécédents communs, il sympathisa avec Joe, et m'accepta comme patiente. Il entrevoyait une possibilité de survie du bébé, mais craignait également qu'il naquît avec une anomalie. Il m'ordonna de rester couchée et me dicta une série de recommandations à observer.

Joe et les gamins remplirent à merveille mon rôle dans la maison, et je consacrai mon temps à suivre des cours par correspondance et à peaufiner mon éducation scolaire. Les mois s'écoulaient, et alors que nous approchions à grands pas du jour J, mon angoisse s'accrût. Nous préparâmes les enfants à toutes les éventualités : le bébé naîtrait avec une infirmité, il serait peut-être privé de certaines parties de son corps, et il pourrait aussi mourir. Souvent, Joe et moi-même tentâmes de nous réconforter en nous rappelant les paroles des médecins : « Ce petit gars s'accroche comme ça ! » C'était encore l'époque où les hôpitaux refusaient les pères dans les salles d'accouchement, mais l'idée d'affronter cette naissance sans la présence de Joe me terrifiait. Nous insistâmes tant et si bien que l'équipe médicale accepta que Joe restât auprès de moi, mais elle appréhendait sa réaction. Elle le prévint donc que s'il s'évanouissait ou se sentait mal pendant l'intervention, elle avait le devoir de s'occuper d'abord de moi. On l'obligea à signer un formulaire la déchargeant de toute responsabilité envers lui.

Mes douleurs se déclenchèrent et j'entrai à la maternité le 19 juin 1968. J'avais si peur que je tremblais de manière incontrôlable. Joe demeura près de moi dans la salle de travail, me tenant la main et me caressant le visage. Comme les médecins, il dut revêtir une blouse verte et un masque blanc. Ses yeux gris bleu tentaient de me réconforter, mais je voyais aux mouvements de son masque qu'il était aussi terrorisé que moi. A l'approche de l'accouchement, nos mains se serrèrent très fort.

Quand le bébé fut né, je regardai le médecin. Je compris immédiatement que nos mois de peur et d'angoisse avaient été injustifiés. Il coucha l'enfant sur mon ventre, et Joe et moi l'observâmes rapidement des pieds à la tête. Nous fondîmes en larmes. Notre fils rayonnait de santé. Je sus, en le prenant dans mes bras, que son désir de vivre avait été si intense qu'il n'aurait pu en être autrement.

Ma décision avait été sans appel, mais mon corps paya chèrement cette grossesse que j'avais voulu mener à terme. Au cours des années qui suivirent, je dus endurer une multitude de problèmes, et mon gynécologue me suggéra de subir une hystérectomie. J'y réfléchis, en discutai avec Joe, et décidai de me ranger à son avis. On fixa le jour de l'intervention.

Ce matin-là, une infirmière entra et me réveilla d'une pression du doigt. Elle voulait m'administrer une substance qui me replongerait dans le sommeil en prévision de l'opération. Me sortir de ma somnolence pour mieux me rendormir, c'était plutôt comique ! J'aurais probablement ri si la drogue, dans un flot de chaleur, avait été moins prompte à faire son effet. Le médecin arriva certainement à ce moment-là, car j'entendis sa voix : « Est-elle prête ? » Et, doucement, tout devint noir.

Je ne repris conscience que dans l'après-midi. Mon gynécologue était près de moi. Il expliquait que l'intervention avait parfaitement réussi et que j'allais bientôt me sentir en pleine forme. Et je me souviens d'avoir pensé : « C'est formidable. Je peux enfin me reposer et balayer mes inquiétudes. » Et je m'assoupis à nouveau.

Le soir, je me réveillai et regardai autour de moi. J'occupais une chambre pour deux patients, mais j'étais seule. L'autre lit était vide. La décoration me sembla plutôt gaie. Un papier peint à bandes orange et jaunes couvrait les murs. « Criard, me dis-je, mais plaisant. » Je remarquai deux tables de nuit, deux placards, un téléviseur et une grande fenêtre près de mon lit. J'avais demandé qu'on m'installe tout près car, depuis toute petite, je souffrais de claustrophobie. Dehors, il faisait noir et la seule lumière de la chambre émanait de la veilleuse au-dessus du lavabo, non loin de la porte. Je sonnai l'infirmière et lui réclamai de l'eau. Elle m'informa que l'on m'avait donné des paillettes de glace pendant tout l'après-midi, mais je n'en gardais aucun souvenir. Elle ajouta que mon mari m'avait rendu visite avec des amis, mais je ne me rappelais pas leur présence. J'*avais* conscience, en tout cas, que mon maquillage était catastrophique et cela me déplut qu'on m'ait vue ainsi. Pire encore, je m'aperçus que ma chemise de nuit ne couvrait que le *strict* nécessaire. Il faudrait que je parle à Joe de ses façons cavalières d'amener ainsi des amis !

A 9 heures, l'infirmière apporta mes médicaments du

soir. A part une petite douleur sans doute consécutive à l'opération, je me sentais très bien. J'avalai les pilules et m'installai pour regarder un peu la télévision avant de dormir. Il est probable que je m'assoupis, car les aiguilles de la pendule indiquaient 9 heures 30 quand je la consultai. Je fus prise d'étourdissements et éprouvai soudain une forte envie d'appeler Joe. Je trouvai le téléphone et réussis tant bien que mal à composer le numéro. Je ne me souviens pas de la conversation. J'étais si fatiguée que je ne désirais qu'une chose : dormir. Je parvins à éteindre le téléviseur, puis tirai la couverture en la glissant sous mon cou. J'étais transie jusqu'à la moelle et plus faible que je ne l'avais jamais été.

4

Ma mort

Encore une fois, je dus sommeiller un court moment, car la pendule était restée sur 9 heures 30. Et je me réveillai brusquement avec la plus étrange des sensations. Pour je ne sais quelle raison, mon instinct m'avertissait d'un danger imminent. Je regardai autour de moi. La porte était mi-close. A côté, il y avait toujours cette faible lumière au-dessus du lavabo. Je devenais extrêmement vigilante. Ma crainte s'intensifiait. Mes sens me disaient que j'étais seule, et mon organisme s'affaiblissait de plus belle.

Voulant appeler l'infirmière, j'étendis le bras vers le cordon proche de mon lit. Mais malgré mes efforts, je ne parvins pas à bouger. J'eus la terrible impression de sombrer, comme si je me vidais de mes dernières gouttes de sang. J'entendis un léger bourdonnement dans ma tête et sombrai plus profondément encore, jusqu'à sentir mon corps s'immobiliser et perdre la vie.

Puis j'éprouvai une montée d'énergie. Quelque chose en moi me fit l'effet d'éclater ou de se dégager, et mon âme sortit par ma poitrine et s'éleva, comme attirée par un aimant géant. Ma première impression fut d'être délivrée, et elle n'avait rien d'anormal. J'étais au-dessus du lit et planais à hauteur du plafond. Je jouissais d'une liberté sans limite, une liberté aux allures familières. Je me retournai et aperçus un corps étendu sur le lit. Je fus curieuse de savoir qui c'était, et descendis immédiatement vers lui. Ayant travaillé comme aide soignante, je connaissais bien l'aspect d'un mort, et je sus à l'instant même où je m'approchai du visage, qu'il était sans vie. Je pris alors conscience que c'était le mien. C'était *mon* corps que je voyais sur le lit. Je ne fus ni déconcertée, ni effrayée ; je ressentis simplement une sorte de sympathie pour lui. Il se révélait plus jeune et plus beau que celui dont je me souvenais, et maintenant il était inerte. C'était comme si j'avais ôté un vieux vêtement et l'avais mis de côté pour toujours, décision regrettable car il avait toujours fière allure. Je réalisai que je ne m'étais jamais admirée en trois dimensions ; je ne connaissais que mon image réfléchie par la surface plane du miroir. Mais les yeux de l'âme voient ce qui est inaccessible au commun des mortels. Je contemplai mon enveloppe charnelle sous tous les angles à la fois — de face, de dos, et des deux profils. Je découvris, grâce à cette vision globale, des aspects de mon physique que je n'avais jamais discernés. Voilà probablement pourquoi je ne m'étais pas immédiatement reconnue.

Mon nouveau corps ne pesait rien, il était extrêmement mobile, et j'étais fascinée par cet état si différent. Malgré mes très récentes douleurs, conséquences de l'opération, je ne souffrais maintenant d'aucune gêne. J'étais en tout point parfaitement bien ! Et je pensai : « Voilà qui je suis vraiment. »

Je repris ma concentration sur le cadavre qui gisait, sans vie. Je compris que personne ne s'était rendu compte de ma mort, et j'éprouvai le besoin urgent de le dire à quelqu'un. « Je suis morte, pensai-je, et il n'y a personne pour le savoir ! » Mais avant même que je bouge, trois hommes apparurent à mes côtés. Ils étaient vêtus de belles robes légères de couleur brune, et l'un d'eux avait un capuchon sur la tête. Tous trois portaient une ceinture soutachée d'or et nouée à la taille. Une sorte de lueur émanait d'eux, sans paraître anormalement brillante, et je réalisai qu'un rayonnement doux provenait aussi de moi et que nos lumières se confondaient autour de nous. Je n'avais pas peur. Je leur aurais donné soixante-dix ou quatre-vingts ans, mais quelque chose me soufflait qu'ils existaient dans une dimension temporelle différente de celle de la Terre. Je pensai alors qu'ils avaient largement dépassé cet âge — qu'il s'agissait d'« anciens. » Je sentis en eux une spiritualité, une sagesse et un savoir immenses. Je suis persuadée que leurs tenues symbolisaient ces vertus. Ils me faisaient songer à des moines — surtout par leur mise — et je ne doutais pas qu'ils soient dignes de confiance. Ils me parlèrent.

Ils étaient avec moi depuis des « éternités », annoncèrent-ils. Cela me parut peu clair. Longtemps, j'avais eu du mal à cerner la notion d'éternité, alors les éternités... Selon moi, elle se conjuguait toujours au futur, mais ces êtres, eux, faisaient référence au passé. C'était plus difficile à saisir. Puis, des images se formèrent dans mon esprit, réminiscences d'un temps très reculé, d'une existence précédant ma vie terrestre, de ma relation « antérieure » avec ces hommes. Comme ces scènes se déroulaient dans ma tête, je sus que nous nous connaissions effectivement depuis des « éternités. » L'exaltation s'empara de moi. La réalité d'une vie avant la naissance effective se cristallisa dans mon cerveau, et il me devint évident que la mort était en fait une « re-naissance » pour un parcours plus riche en intelligence et en savoir, et qui s'étirait dans « l'avenir » et « l'hier. » J'eus la révélation que ces hommes étaient mes plus proches amis dans cette gigantesque existence et qu'ils avaient choisi de m'accompagner. Ils m'expliquèrent qu'ils avaient été, avec d'autres, mes anges gardiens lors de ma présence sur Terre. Mais j'avais l'intuition que tous trois possédaient une particularité, qu'ils étaient aussi mes « anges serviteurs ».

Ils dirent que j'étais morte prématurément. Une onde de paix se dégagea d'eux, et ils me rassurèrent. Je n'avais pas à m'inquiéter, tout irait bien. Gagnée par la confiance, j'éprouvai leur souci et leur profond amour qui, à l'instar d'autres pensées, se transmettaient d'esprit à esprit — d'intelligence à intelligence. Je crus d'abord qu'ils se servaient de leur bouche, parce que j'avais l'habitude de voir les gens « parler. » Ils correspondaient beaucoup plus rapidement et complètement, d'une manière qu'ils associaient à la « connaissance pure. » Le mot le plus propre à la définir serait télépathie, mais il ne suffit pourtant pas à décrire l'ensemble du processus. Je sentais leurs émotions et leurs intentions. Je *sentais* leur amour. Je vivais leurs sensations. Et cela me procurait un bonheur intense car ils m'aimaient sans compter. Mon ancien langage, celui du corps, était franchement limité, et je m'aperçus que mon aptitude à exprimer mes sentiments avait été presque inexistante en comparaison de la capacité de l'esprit à communiquer d'une façon aussi absolue.

Il y avait beaucoup de choses qu'ils voulaient partager avec moi, et je souhaitais faire de même, mais nous n'ignorions pas que les soucis du moment prédominaient. Je pensai soudain à mon mari, à mes enfants, et me tourmentai à l'idée de la façon dont ma mort les affecterait. Comment Joe pourrait-il s'occuper de six bambins ? Comment ceux-ci se passeraient-ils de moi ? J'avais besoin de les revoir, au moins pour trouver une réponse à mes incertitudes.

Ma seule obsession fut alors de quitter l'hôpital et de retourner dans mon foyer. Après tant d'années à désirer une famille, à œuvrer pour qu'elle reste unie, je craignais de la perdre. Ou peut-être redoutais-je autant qu'elle me perdît.

Je cherchai immédiatement une issue et aperçus la fenêtre. Je la traversai au plus vite et me retrouvai dehors. J'apprendrai bientôt que je n'étais pas obligée de passer par cette ouverture, et que j'aurais pu quitter la chambre en n'importe quel point. Ma logique de mortelle (et par conséquent mes restrictions) subsistait néanmoins. Il me vint à l'esprit que j'étais sur un « mode de déplacement lent », car je raisonnais encore en termes de corps physique, mais tout ce qui avait constitué un obstacle insurmontable pour celui-ci n'affectait nullement mon corps spirituel. En effet, la fenêtre était restée fermée...

Le trajet jusqu'à la maison fut très flou. Puisque c'était en mon pouvoir, j'adoptai une vitesse étourdissante. Je ne voyais que vaguement les arbres qui défilaient sous moi. Je ne décidais rien, ne choisissais aucune direction, je pensais seulement aux miens et savais que j'allais les rejoindre. Il ne me fallut qu'un instant pour atteindre mon but et pénétrer dans le salon.

Joe était assis dans son fauteuil préféré. Il lisait le journal. Mes enfants couraient dans les escaliers. Pour eux, c'était bientôt l'heure de se coucher. Deux d'entre eux étaient engagés dans une bataille de polochons — cérémonie ordinaire avant qu'ils s'endorment. Je ne désirais nullement communiquer avec eux, mais m'inquiétais de leur vie sans moi. Comme je les observais individuellement, j'eus une sorte de prémonition qui me permit d'entrevoir leur avenir. Je pris conscience que chacun de mes enfants avait son propre parcours à effectuer sur Terre. Je les avais toujours considérés comme « miens », mais je m'étais trompée. Ils étaient, à mon égal, des âmes indépendantes dont l'intelligence s'était développée bien avant leur apparition en ce monde. On leur avait accordé la liberté d'agir à leur guise. Ils avaient seulement été placés sous ma protection. Aujourd'hui, je ne le leur rappelle pas, mais je sus que l'existence de mes enfants avait son programme, et qu'à la conclusion de celui-ci, ils achèveraient aussi leur séjour ici-bas. Je présageai de certaines épreuves et difficultés auxquelles ils seraient confrontés, tout en évaluant que celles-ci seraient nécessaires à leur évolution. Le chagrin et la peur n'avaient pas lieu d'être. En fin de compte, ils se porteraient tous bien, et, de toute évidence, il ne nous faudrait patienter qu'un court instant avant de nous retrouver tous ensemble. La sérénité m'envahit. Mon mari et mes précieux enfants, cette famille si longtemps désirée, s'adapteraient à cette nouvelle situation. Ils étaient en mesure de poursuivre leur chemin — et moi aussi, par là même.

Ces informations me réconfortèrent. Elles m'avaient été transmises pour faciliter mon passage à la mort.

Je souhaitais désormais reprendre ma route, et connaître tout ce qui m'attendait. Je fus propulsée jusqu'à l'hôpital, mais je ne me souviens pas du trajet ; il me sembla s'effectuer instantanément. Mon corps était toujours étendu sur le lit à environ soixante-quinze centimètres sous moi, légèrement sur ma gauche. Mes trois compagnons étaient encore là, fidèles. Je ressentis une fois de plus leur tendresse et le plaisir qu'ils prenaient à m'aider.

Comme je me nourrissais de leur amour, je devinai étrangement qu'il était temps d'amorcer mon parcours et que mes chers amis, les moines, ne m'accompagneraient pas.

Soudain, j'entendis un son saccadé.

5

Le tunnel

Quand vous êtes en présence d'une immense énergie, vous le savez. C'était mon cas. Un son grave, heurté et grondant envahissait la chambre. Une force, un mouvement implacable, l'accompagnaient. Le bruit et la puissance étaient impressionnants, et pourtant j'éprouvais une sensation de plaisir — presque hypnotique. Un carillon, ou des cloches, tintait dans le lointain — un timbre magnifique que je n'oublierai jamais. L'obscurité entoura mon être. Le lit, la lumière près de la porte, toute la pièce s'assombrit et, à cet instant, je fus doucement entraînée dans une énorme masse noire et tournoyante.

Une monstrueuse tornade m'engloutit. Je ne voyais rien que ces épaisses ténèbres presque palpables. Plus qu'un manque de clarté, c'était une noirceur compacte qui ne ressemblait en rien à ce que je connaissais déjà. La logique me souffla que j'aurais dû être terrorisée, que toutes les craintes de ma jeunesse pouvaient aisément refaire surface, mais au cœur de ce magma, j'étais au contraire dans un état profondément agréable de bien-être et de calme. J'y avançais, et le son obsédant s'atténuait. J'avais une position allongée. Je me déplaçais les pieds devant et la tête légèrement surélevée. La vitesse s'intensifiait, à tel point qu'il eût été impossible à quiconque de l'évaluer. Mais la paix et la tranquillité grandissaient aussi, et j'aurais pu demeurer éternellement ainsi. Et si je le voulais, je le pouvais.

D'autres gens, ainsi que des animaux, voyageaient en ma compagnie, mais à une certaine distance. Je ne les voyais pas, mais je sentais qu'ils participaient à la même chose que moi. Rien ne semblait nous lier, et je savais qu'ils ne représentaient pas de menace à mon égard, alors je perdis vite conscience de leur présence. J'avais la certitude, en tout cas, qu'ils n'avançaient pas comme je le faisais, mais qu'ils s'attardaient dans cette sublime noirceur. Soit ils n'en avaient pas le désir, soit ils ignoraient tout simplement comment s'y prendre. Mais il n'y avait pas lieu de les craindre.

Un processus de guérison se déroulait. L'amour dominait cette masse mouvante qui tourbillonnait, et je m'engloutissais dans sa chaleur et sa densité, jouissant de la sécurité et de la paix. Je pensai : « Ce doit être ici que se trouve la vallée de l'ombre de la mort. »

De toute mon existence, je n'avais jamais été aussi sereine.

6

Dans les bras de la lumière

Une petite lueur brillait au loin. La masse ténébreuse qui m'entourait prenait maintenant la forme d'un tunnel que je traversais à une vitesse encore plus élevée, fonçant vers la lumière. Je me sentais instinctivement attirée vers elle, alors que les autres, c'était évident pour moi, ne l'étaient pas. En m'en approchant, je remarquai la silhouette d'un homme. La lumière rayonnait tout autour de lui. Plus la distance se réduisait, plus elle brillait — au-delà de toute description, beaucoup plus que le Soleil — aucun œil humain, à ma connaissance, n'aurait pu la fixer sans se brûler. Seul le regard spirituel était capable de la supporter — et de l'apprécier. Arrivée à proximité de l'homme, je me mis debout.

Le halo qui l'entourait directement était doré, un peu comme une auréole qui aurait cerné tout son corps. Il émanait de lui, et se dispersait dans l'espace en une blancheur splendide et éclatante. Sa lumière attira la mienne et s'y mêla littéralement. C'était comparable à deux lampes allumées dans une pièce, et dont tous les faisceaux se fondent en un seul. Il est difficile de dire où les uns s'arrêtent et où les autres commencent ; ils fusionnent. Bien que son scintillement fût beaucoup plus intense, celui dont j'étais la source nous illuminait aussi. Et comme nos lumières s'unissaient, j'eus la sensation d'être absorbée tout en éprouvant une immense explosion d'amour.

C'était un amour inconditionnel. Il ouvrit ses bras pour m'accueillir, je vins à lui et il m'enlaça. Je répétai sans cesse : « Je suis chez moi. Je suis chez moi. Je suis enfin chez moi ! » Je sentis son esprit infini, et compris que j'avais toujours été liée à lui, qu'en réalité je n'avais jamais été loin de lui. Et je sus que j'étais digne de demeurer à ses côtés et de l'embrasser. Je n'ignorais pas qu'il était au fait de tous mes péchés et fautes, mais que ceux-ci ne revêtaient aucune importance pour le moment. Il ne souhaitait que m'étreindre et partager son amour avec moi, comme je voulais le faire avec lui.

Je ne doutais nullement de son identité. Il était mon Sauveur, et ami, et Dieu. Il était Jésus-Christ, Celui qui m'avait toujours aimée, même quand j'avais cru qu'Il me détestait. Il était la Vie même, l'Amour même, et son Amour me procura un bonheur incommensurable. Je compris que je Le connaissais depuis toujours, depuis longtemps avant ma vie sur Terre, car mon âme se *souvenait* de Lui.

Toute mon existence, je L'avais craint, et je voyais maintenant — je *savais* — qu'Il était mon ami le plus cher. Il desserra lentement ses bras, me permit de prendre assez de recul pour Le regarder dans les yeux, et dit : « Ta mort est prématurée, ton heure n'est pas encore venue. » Jamais paroles prononcées ne m'avaient à ce point pénétrée. Jusqu'alors, je n'avais pas eu d'objectif précis ; je m'étais seulement promenée à la recherche de l'amour et de la bonté, sans jamais être en mesure d'évaluer la qualité de mes actes. Maintenant, grâce à Ses mots, je me sentais investie d'une mission. J'avais trouvé un but. J'ignorais encore lequel, mais je découvrais que ma présence ici-bas n'avait pas été dénuée de sens.

Mon heure n'était pas encore venue.

Mais, elle sonnerait quand ma mission serait accomplie, quand j'aurais abouti, quand ma vie aurait revêtu sa véritable *signification*. J'avais une raison d'exister sur Terre. Je l'acceptais, et pourtant mon esprit se rebellait. Cela signifiait-il que je devrais repartir ? Je Lui déclarai : « Non, je ne pourrai plus jamais Te quitter. »

Il me comprenait, et son amour, sa tolérance, ne flanchèrent jamais. Mes pensées s'emballaient : « Est-ce Jésus, Dieu, l'être que j'ai redouté depuis toujours ? Il ne ressemble en rien à ce que j'avais imaginé. Il déborde d'amour. »

Puis des questions fusèrent dans ma tête. Je voulus saisir pourquoi j'étais morte ainsi — mon décès prématuré ne me préoccupait pas — mais comment mon âme l'avait rejoint avant la Résurrection. Je souffrais encore de mon éducation et des croyances de mon enfance. Sa lumière s'infiltrait maintenant en moi, et mes interrogations recevaient des réponses avant que je les aie entièrement formulées. Sa lumière était savoir. Elle avait le pouvoir de m'insuffler la vérité. Prenant confiance et laissant la lumière couler en moi, mes demandes jaillissaient plus vite que je ne le croyais possible, et, en retour, j'obtenais tout aussi rapidement satisfaction, avec clarté et précision. Dans la peur, j'avais mal interprété la mort, je m'étais attendue à quelque chose qui n'était pas. La tombe n'était pas destinée à l'âme, mais au seul corps. Je ne me sentais pas jugée pour m'être trompée. Je réalisai seulement qu'une vérité simple et vivante avait corrigé mon erreur. Je compris qu'Il était le Fils de Dieu, mais que Lui-même était aussi un Dieu, et qu'il avait choisi, avant la création du monde, d'être notre Sauveur. Je pénétrai, ou plutôt je me *souvins* de Son rôle de démiurge. Sa mission était de prendre place au milieu de nous pour nous enseigner l'amour. Ce que je savais là ressemblait davantage à une réminiscence. Des choses me revenaient d'un temps bien antérieur à ma vie ici-bas, des choses que l'on avait délibérément couvertes d'un « voile » d'oubli à ma naissance.

A mesure que les questions se multipliaient, je pus apprécier Son sens de l'humour. Presque dans le rire, il me suggéra de freiner mon empressement, m'assurant que j'aurais l'occasion d'apprendre tout ce que je désirais. Mais je voulais *tout* savoir, du début à la fin. Ma curiosité avait toujours tourmenté mes parents et mon mari — et parfois moi-même — mais maintenant, c'était un bienfait, et je recevais l'enseignement du grand professeur ! Ma soif de connaissance était telle que j'aurais pu avaler plusieurs volumes à la seconde, comme si j'étais capable de regarder un livre et de l'enregistrer d'un seul coup d'œil — comme s'il me suffisait d'être assise pendant que les pages se révélaient à moi dans tous leurs détails, dans un sens et dans l'autre, dans le dit et le non-dit, dans toutes leurs nuances et allusions possibles. Tout en un instant. Ce que je percevais m'inspirait toujours plus de nouvelles interrogations, des solutions neuves qui s'imbriquaient les unes dans les autres et agissaient réciproquement. Toutes les vérités étant intrinsèquement liées. Le mot « omniscient » n'avait jamais revêtu un tel sens. Le savoir s'installait en moi. Dans une certaine mesure il *devenait* moi, et j'étais stupéfaite par mon aptitude à saisir les mystères de l'Univers par la simple réflexion.

Je souhaitai une justification à l'abondance de cultes dans le monde. Pourquoi Dieu ne nous en avait-il pas donné un seul, unique et pur ? On m'offrit la clé de cette énigme avec limpidité. Chacun de nous, appris-je, demeure à son propre palier de développement et de compréhension spirituels. Il est, par conséquent, préparé à ce même niveau de richesse spirituelle. Toutes les religions de la Terre sont nécessaires, car il est des gens qui ont besoin de ce qu'elles enseignent. Il est possible qu'un peuple donné n'atteigne pas une intelligence totale de l'Evangile du Seigneur, et n'y parvienne jamais dans le cadre de son Eglise. Mais celle-ci fait office de pierre de gué qui lui ouvrira la voie d'un nouveau savoir. Chaque culte, face à des demandes spirituelles, propose des solutions dont il peut être le seul détenteur. Mais aucun n'est apte à répondre à toutes les interrogations de l'humanité. En s'approchant peu à peu de Dieu, en parcourant Son chemin éternel, il n'est pas exclu qu'un être se heurte à la déception face aux préceptes de sa présente foi. Il recherchera alors une philosophie différente pour combler ce vide. Quand cela survient, il a atteint un autre niveau d'intelligence et il lui tarde d'accéder à une vérité et à un savoir nouveaux, et de rencontrer des opportunités qui lui permettront alors de s'épanouir. Chaque fois qu'il fera un pas sur ce sentier, il croisera cette chance. A lui de la saisir.

Forte de cette connaissance, j'admis qu'aucun culte ne méritait d'être critiqué. Car ils sont tous précieux et importants à Ses yeux. Des personnages exceptionnels chargés de missions capitales de sensibilisation ont été envoyés dans tous les pays, au cœur de toutes les religions, dans tous les milieux sociaux. Il *existe* une plénitude de l'Evangile, mais la plupart des hommes n'y souscriront pas ici-bas. Afin de saisir cette vérité, nous devons écouter l'âme et oublier notre ego.

Je souhaitais être instruite de la finalité de la vie sur Terre. Pourquoi sommes-nous là ? Jouissant de l'amour de Jésus-Christ, je ne pouvais imaginer ce qui poussait une âme à quitter volontairement ce Paradis et tout ce qu'il offrait — des univers à explorer, des idées à réaliser, une connaissance à acquérir. Pourquoi voulait-on venir ici ? En guise de réponse, je me souvins de la création du monde. Je la vécus comme si elle se rejouait sous mes yeux. Ceci était essentiel. Jésus désirait que j'en sois témoin, que j'expérimente mes sensations face à la naissance du Cosmos. Et la seule manière d'y parvenir était de la revoir et de *ressentir* ce que j'avais éprouvé auparavant.

Toutes les âmes de la vie pré-mortelle ont pris part à la genèse de la Terre. Nous étions heureux d'y participer. Nous étions avec Dieu, et savions qu'Il nous créait, que nous étions Ses enfants. Il était fier de notre évolution et débordait d'un amour absolu pour chacun de nous. Jésus-Christ aussi était là. J'appris, à ma grande surprise, que Jésus était un être distinct de Dieu, qu'Il avait son propre rôle divin, et que Dieu était notre Père commun. Mon éducation protestante m'avait présenté Dieu le Père et Jésus-Christ comme une seule et même personne. Quand nous fûmes réunis, le Père expliqua qu'un séjour ici-bas favoriserait notre enrichissement spirituel. Chaque âme devait collaborer à l'organisation des conditions de l'existence dans notre univers, parmi lesquelles les règles de la mortalité qui nous gouverneraient. Celles-ci comprenaient les lois de la physique telles que nous les connaissons, les limites de notre corps, et les pouvoirs spirituels qui demeureraient à notre portée. Nous assistions Dieu dans la formation de la vie animale et végétale que nous trouverions. Tout était âme avant de revêtir sa forme physique — les systèmes solaires, les soleils, les lunes, les étoiles, les astres, les présences sur les planètes, les montagnes, les rivières, les océans, etc. J'imaginai ce processus. Puis, afin qu'il me fût plus limpide, le Sauveur compara l'âme à une de nos épreuves photographiques ; elle représentait le positif, clair et net, et la Terre était son négatif sombre. La planète bleue n'est qu'une ombre de la beauté et de la splendeur de son âme, mais elle est indispensable à notre développement. Il était important que je comprenne que nous contribuions tous à l'élaboration de notre environnement.

Souvent, nos pensées créatrices sont l'œuvre d'une suggestion invisible. Une forte proportion de nos grandes découvertes, et même de nos progrès technologiques, sont d'abord nés de l'esprit d'âmes prodiges. Puis des Terriens ont reçu l'inspiration de réaliser ces inventions. Il existe un lien vital et dynamique entre le monde des âmes et la mortalité, et les premières, de l'autre côté, sont nécessaires à notre évolution. Je vis également qu'elles sont *très* heureuses de nous aider de quelque manière que ce soit.

Dans le monde pré-mortel nous connaissions et choisissions même la mission de notre vie. Notre niveau social n'est que le reflet de l'instrument qui nous permettra d'accomplir ce pour quoi nous sommes « nés. » Grâce au savoir divin, nous n'ignorions rien des épreuves qui nous seraient infligées, ni des moyens d'y parer. Même les liens familiaux et amicaux que nous avons contractés sur Terre visent à l'exécution de nos missions. Les autres nous servent et nous soutiennent. Nous sommes venus de notre plein gré, désireux d'apprendre et de vivre ce que Dieu a créé pour nous. Toutes les âmes qui ont pris la décision de s'incarner sont valeureuses. Même le moins évolué ici-bas, était fort et courageux dans l'autre monde.

On nous a donné la possibilité d'agir en toute autonomie. Nos actes déterminent le cours de notre vie, et nous sommes capables de modifier celle-ci ou de changer son orientation à tout moment. Je compris que c'était crucial ; Dieu a promis qu'Il n'interviendrait pas dans notre existence *sans notre demande*. Si celle-ci est formulée, Il nous aide, grâce à Son omniscience, à réaliser ceux de nos vœux qui sont justifiés. Nous Lui sommes reconnaissants de cette aptitude à exprimer notre volonté et à user de Sa puissance. Elle nous permet d'atteindre au bonheur ou de choisir ce qui nous procurera de la tristesse. Mais, notre libre arbitre existe bel et bien.

J'étais véritablement soulagée de découvrir que la Terre n'est pas notre demeure initiale, qu'elle ne possède aucun caractère originel en ce qui nous concerne. J'étais satisfaite de constater qu'elle ne représente qu'un séjour provisoire où nous recevons notre instruction, et que le péché n'est pas notre vraie nature. Spirituellement, nous nous situons à des degrés divers de lumière — c'est-à-dire de connaissance — et comme nous sommes divins et spirituels, nous débordons du désir de faire le Bien. Notre moi terrestre, quoi qu'il en soit, reste en opposition constante avec notre âme. Je prenais conscience de la faiblesse de la chair omniprésente. Bien que nos corps spirituels regorgent de lumière, de vérité et d'amour, ils doivent lutter sans cesse pour dominer l'enveloppe charnelle, et cela les rend plus vigoureux. Ceux qui ont parfaitement évolué trouveront une harmonie entre les deux éléments, ce qui les amènera au bonheur de la paix et à la faculté d'aider les autres.

Apprendre à nous soumettre aux lois de cette création nous permet de profiter de leurs bienfaits, et de vivre en accord avec les forces qui nous entourent. Dieu nous a lotis de talents personnels. Chacun, selon ses besoins, en possède plus ou moins que son voisin. En les exploitant, nous nous exerçons à œuvrer avec les règles, et finalement à les comprendre. Nous pouvons ainsi dépasser les limites de cette existence. En acceptant ces préceptes, nous sommes plus susceptibles de servir ceux qui nous entourent. Toute réussite de la vie mortelle n'a aucune valeur si nous n'en faisons pas profiter les autres. Nos dons et aptitudes ne nous sont accordés que dans ce seul but. Et c'est la clé de notre enrichissement spirituel.

Par-dessus tout, on me montra que l'amour est suprême. Sans lui, nous ne sommes rien. Nous vivons ici-bas pour nous entraider, pour prendre soin les uns des autres, pour accepter, pardonner, et nous assister, mais aussi pour prodiguer de l'amour à chaque individu né sur la Terre. Qu'il soit noir, jaune, brun, beau, laid, mince, gros, riche, pauvre, intelligent ou ignorant, nous n'avons pas le droit de le juger selon ses apparences. Toute âme a en elle une réserve d'amour et d'énergie éternelle. Au départ, elle possède le degré de lumière et de vérité qui peut être mis en valeur de la manière la plus optimale. Nous ne savons pas mesurer ces choses. Dieu seul connaît le cœur de l'homme, et Dieu seul peut statuer. Pour Lui, nos âmes sont transparentes ; nous ne voyons que des faiblesses et des forces provisoires. En raison de nos limites, nous ne perçons que rarement le tréfonds de l'homme.

Tous nos efforts pour exprimer l'amour sont louables : un sourire, un mot d'encouragement, un petit sacrifice. Ces actes nous grandissent. Tout le monde n'en est pas digne, mais quand nous éprouvons de la difficulté à aimer quelqu'un, c'est souvent qu'il nous rappelle quelque chose en nous que nous exécrons. Il nous faut chérir nos ennemis — au mépris de la colère, de la haine, de l'envie, de l'amertume, et du refus d'absoudre — sinon c'est notre âme que nous détruirons. Nous aurons à rendre compte de la manière dont nous avons traité les autres.

A l'heure de la Genèse, nous chantions notre réjouissance et la tendresse de Dieu nous rassasiait. Nous débordions de bonheur en imaginant notre enrichissement sur Terre et les heureux liens que nous formerions entre nous.

Puis nous regardions le monde se faire. Nous observions nos frères et sœurs, les autres âmes, pénétrer leur corps physique pour passer un moment ici-bas et connaître les joies et les peines qui les aideraient à progresser. Je me souviens clairement d'avoir suivi les pionniers américains s'efforçant de traverser le continent, et jubilant de peiner de la dureté de leur besogne, tout simplement car ils accomplissaient leur mission. J'appris que seuls ceux qui avaient besoin de cette expérience avaient été envoyés là. Je voyais les anges, ravis pour ceux qui s'acharnaient et réussissaient, chagrinés pour ceux qui ne parvenaient à rien. Certains échecs étaient à mettre au compte de la faiblesse des autres. J'avais le sentiment que nombre d'entre nous, qui n'y avions pas participé, auraient fait de lamentables pionniers, causant autant et peut-être davantage de souffrance. Je pense aussi que certaines personnes vivant à des époques antérieures n'auraient pas été à la hauteur de supporter les épreuves d'aujourd'hui. Nous sommes où il est nécessaire que nous soyons.

Tandis que tout cela imprégnait mon esprit, je compris la perfection du projet. Nous étions tous responsables de notre condition et de notre niveau social dans le monde, et chacun de nous recevait plus d'aide qu'il n'en avait conscience. L'amour inconditionnel de Dieu, qui surpasse tout amour terrestre, émanait de Lui et touchait tous Ses enfants. J'apercevais les anges qui se tenaient près de nous dans l'attente de nous offrir leur soutien, se félicitant de nos talents et de nos joies. Mais par-dessus tout, je voyais le Christ, le Créateur et Sauveur de la Terre, mon ami, et le plus proche ami de toute l'humanité. Mon cœur fondait de bonheur quand Il m'étreignait et me réconfortait — j'étais enfin chez moi. Je donnerais tout ce que je possède, tout ce que je suis, pour être à nouveau baignée dans cet amour — pour être serrée dans les bras de Sa lumière éternelle.

7

Les lois

J'étais toujours en compagnie du Seigneur. La chaleur de Sa lumière ne cessait de m'inonder. Je n'avais pas plus conscience de me trouver en un lieu particulier, que de l'espace qui nous entourait, et de la présence d'autres êtres. Il voyait tout ce que je voyais ; à vrai dire, c'est Lui qui me donnait tout ce que je percevais et comprenais.

Je demeurais dans Sa lumière. Les questions et les réponses se croisaient sans interruption. Notre dialogue s'était nettement intensifié et élargi, au point qu'il me semblait possible d'aborder tous les aspects de l'existence. Ma pensée s'intéressa une fois de plus aux lois qui nous gouvernent ici-bas, et Sa science s'infiltra en moi. Je sentis chez Lui un réel bonheur, un plaisir intense de me la faire partager.

Nous sommes sous la tutelle de nombreuses lois — spirituelles, physiques et universelles — dont nous ne possédons la plupart du temps qu'une vague idée. Elles sont toutes complémentaires et ont été établies à dessein. Quand nous les reconnaîtrons et apprendrons à utiliser leurs forces positive et négative, nous aurons accès à un pouvoir prodigieux. En revanche, si nous outrepassons l'une d'elles en allant à l'encontre de l'ordre naturel, nous péchons.

Tout est issu d'une puissance spirituelle. Tout élément, toute parcelle de création, recèle une intelligence en soi, laquelle est douée d'esprit et de vie, et peut ainsi éprouver la sérénité. Chacun jouit de son libre arbitre, chacun peut réagir aux règles et énergies qui l'entourent, selon son gré. Quand Dieu parle, les éléments se manifestent et sont heureux de se conformer à Sa parole. C'est grâce à ces préceptes de la Genèse que le Christ a fait la Terre.

Je compris alors qu'en vivant en accord avec ces lois, nous pourrions atteindre une réelle béatitude et accéder à un savoir bien plus vaste, mais les transgresser, « pécher », risquerait d'affaiblir et donc de détruire tout ce que nous avons réalisé jusqu'alors. Il existe une relation de cause à effet au sein du péché. Nous générons nos punitions par les actes que nous commettons. Si nous polluons l'environnement, par exemple, c'est un « péché » contre la Terre, et nous récoltons les conséquences logiques de l'irrespect de l'ordre naturel. Nous nous exposons à être physiquement diminués, à mourir, et à occasionner l'affaiblissement ou le décès d'un autre. Il y a aussi des péchés contre la chair, tels que la suralimentation ou la sous-alimentation, le manque d'exercice, l'abus de drogues (y compris l'usage de toute substance propre à modifier et à troubler le fonctionnement de notre organisme), et d'autres habitudes néfastes. Rien n'est plus grave que les « péchés » de chair. Nous sommes responsables de notre corps. Nous en sommes maîtres aussi. Tant que dure la vie mortelle, l'âme doit le contrôler et maintenir ses appétits et ses passions dans son joug. Tout ce qui émane de l'âme se manifeste au niveau de la chair, mais la réciproque est impossible. C'est notre âme qui gouverne. C'est elle qui dirige. Lorsqu'un être humain souhaite tendre vers la perfection, il se doit d'harmoniser totalement son esprit, son corps et son âme. Pour l'atteindre, il doit y ajouter un amour et une vertu semblables à ceux du Christ.

Toute mon âme avait envie de s'esclaffer de joie en apprenant ces vérités. Je les comprenais, j'y adhérais et Jésus savait que je saisissais tout ce qu'Il me montrait. Mes yeux spirituels étaient de nouveau ouverts. Je vis que Dieu avait créé de nombreux univers, et qu'Il contrôlait tous les éléments qui les constituaient. Il a autorité sur toutes les lois, sur l'énergie et sur la matière. Dans notre monde, cohabitent les forces positive et négative, et toutes deux sont essentielles à la création et au développement. Elles sont intelligentes — elles exécutent notre volonté. Elles jouent le rôle de servantes zélées. Dieu a un pouvoir absolu sur les deux énergies. Celle qui est positive s'exprime fondamentalement comme nous sommes en mesure de le supposer : lumière, bonté, gentillesse, amour, patience, charité, espoir. Celle qui est négative se révèle telle que nous la voyons : obscurité, haine, peur (l'instrument favori de Satan), méchanceté, intolérance, égoïsme, désespoir, découragement.

Elles agissent en opposition l'une par rapport à l'autre. Et, quand nous les intégrons, elles se mettent à notre disposition. Le positif attire le positif, le négatif appelle le négatif. La lumière est fidèle à la lumière, et l'obscurité adore l'obscurité. Si nous devenons essentiellement positifs ou, à l'inverse, négatifs, nous nous lions à nos semblables. Mais *nous* avons le choix d'être l'un ou l'autre. Il suffit d'avoir des pensées ou des mots positifs pour capter l'énergie du même pôle. Et j'en eus la preuve. Je vis différentes énergies entourer les gens. Je perçus comment les propos de quelqu'un affectent réellement le champ magnétique qui le cerne. Les seuls *mots* — par les vibrations qu'ils impriment à l'air — provoquent l'un ou l'autre type. Les désirs ont un effet similaire. Nos pensées ont un pouvoir. Par elles, nous construisons notre environnement. Physiquement, cela peut demander un certain temps, mais pour l'esprit c'est immédiat. Si nous réalisions la portée de nos pensées, nous nous montrerions plus circonspects. Si nous comprenions qu'elles recèlent une puissance stupéfiante, nous préférerions le silence à ce qui est négatif. Nos pensées et nos paroles sont les génératrices de nos forces et de nos faiblesses. Nos limites comme nos satisfactions prennent naissance dans nos cœurs. Il est toujours possible de remplacer le négatif par le positif.

Puisque nos pensées sont capables d'influer sur cette énergie éternelle, elles sont sources de créations. Celles-ci ont toutes leur point de départ dans l'esprit. Ce doit être la *pensée* d'abord. Les gens doués savent se servir de leur fantaisie pour inventer des choses aussi bien merveilleuses que terribles. Certains arrivent sur Terre avec un potentiel imaginatif déjà bien développé, et je m'aperçus que quelques-uns en usaient à mauvais escient. Il en est qui exploitent leur énergie négative à des fins nuisibles — objets ou propos destructeurs. D'autres le font de manière positive, et pour le bien de leur entourage. Ceux-là engendrent vraiment la joie et sont heureux. Les élaborations de l'esprit ont un véritable impact. Les pensées sont des actes.

Je saisis que c'est surtout dans l'imaginaire que nous vivons — il est, ironiquement, la clé de la réalité. Cela, je ne l'aurais jamais supposé. Nous sommes envoyés ici-bas pour nous épanouir, pour mener une existence aussi riche que possible, pour trouver le bonheur au travers de nos propres créations, qu'elles soient pensées, *choses*, émotions ou expériences. Nous devons faire usage de notre libre arbitre afin de développer et de sublimer notre vie.

En plus de tout cela, je compris encore une fois la suprématie de l'amour. Il doit dominer. Il règne sur l'âme, et celle-ci doit être renforcée pour maîtriser l'esprit et la chair. Il y a un ordre naturel de l'amour. D'abord, il faut aimer le Créateur. C'est l'amour le plus noble qui soit (mais il arrive qu'on l'ignore avant de l'avoir rencontré). Puis il faut nous aimer nous-même. Enfin, nous devons aimer *tous* nos prochains. Mais sans l'amour de soi-même, celui que nous donnons aux autres est frelaté. Ceux qui voient en eux la lumière du Christ, la distingueront aussi dans les autres, et il leur deviendra impossible de ne pas aimer cette parcelle de Dieu qui est en eux.

Demeurant dans l'éclat du Sauveur, dans Son amour absolu, je réalisai que la crainte que j'avais éprouvée pour Lui quand j'étais enfant m'en avait éloignée. Quand je pensais qu'Il ne me chérissait pas, je mettais un écran entre mon amour et Lui. Mais Il ne m'avait jamais tourné le dos. Je voyais maintenant qu'Il était un soleil dans ma galaxie. J'avais tourné autour de Lui, en m'approchant ou en prenant de la distance, mais Son amour n'avait jamais fléchi.

Il était clair que les autres avaient contribué à notre séparation, mais je ne ressentis aucune amertume envers eux, et je ne les jugeai pas. Les hommes et les femmes qui avaient joué de leur autorité sur moi étaient devenus les proies des énergies négatives et avaient enseigné la foi en Dieu au moyen de la frayeur. Leurs desseins étaient positifs mais leurs actes négatifs. Ils transformaient leurs propres terreurs en un moyen de contrôle sur les autres. Ils usaient de la menace pour nous faire croire en Lui : « Crains Dieu ou va en Enfer. » Cela m'avait empêché de L'aimer réellement. La peur est l'opposé de l'amour et l'instrument favori de Satan. Comme Dieu m'effrayait, il m'était impossible de L'aimer vraiment, et je ne pouvais, par conséquent, ni m'aimer ni donner aux autres un amour pur. La loi de l'amour avait été violée.

Le Christ continuait de me sourire. Il était ravi de mon plaisir d'apprendre, et de l'exaltation que me procurait cette expérience.

Je savais maintenant que Dieu existait vraiment. Je ne croyais plus en une puissance universelle, mais je voyais un homme derrière cette puissance. Il se révélait à moi comme un être tendre qui avait créé l'Univers et l'avait doté de tout le savoir. Il le dirige et en maîtrise le potentiel. Il s'avérait évident pour moi que Dieu veut que nous Lui ressemblions et qu'Il nous a investis de qualités divines, telles que la faculté d'imagination et de création, le libre arbitre, l'intelligence et, par-dessus tout, l'aptitude à aimer. Il *désire* profondément que nous nous revêtions des forces du Ciel. Et il suffit de s'en *penser* capable pour le pouvoir.

8

Guérison et mort

Ce flot d'intelligence grossissait naturellement en présence du Sauveur. Point par point, chaque élément de vérité conduisait inévitablement au suivant. Après avoir été mise au fait des deux énergies majeures de l'Univers, toutes deux sujettes à l'autorité de Dieu, je compris comment il était possible qu'elles nous affectent physiquement. Puisque l'âme exerce une influence phénoménale sur la chair, nous possédons par là même une réelle compétence pour agir sur notre santé. L'âme qui est en nous est puissante. Elle peut donner au corps les moyens de se parer contre la maladie ou, quand il est infecté, de le guérir. Elle est capable de contrôler l'esprit, qui, à son tour, maîtrise le corps. En réfléchissant à ce principe, je me suis souvenue de cette phrase : « Car tel [un homme] pense en son cœur, tel il est. » (Proverbes, 23 :7).

Nos pensées jouissent de la faculté exceptionnelle de nous attirer les énergies positives et négatives. Mais, quand ce sont ces dernières qui prédominent, les défenses du corps risquent de s'affaiblir. C'est particulièrement vrai dans le cas où nos pensées négatives sont centrées sur nous-même. C'est dans la dépression que nous nous révélons le plus égocentrique. Rien ne peut davantage miner notre force et notre santé naturelles qu'une neurasthénie prolongée. Mais quand nous nous appliquons à oublier notre ego pour nous intéresser aux besoins des autres et à la manière de leur être utile, la guérison s'opère. Un service rendu est un baume pour l'âme et pour le corps.

Toute guérison se fait de l'intérieur. L'âme soigne la chair. La main experte d'un chirurgien est certes d'un grand secours, et la médecine se montre apte à apporter des réponses aux problèmes de santé, mais c'est l'âme qui conduit au rétablissement. Sans elle, nul ne saurait enrayer la maladie et la mort qui s'ensuit. Les cellules de notre corps ont été conçues pour procurer la vie indéfiniment. Leur programmation première leur permettait de se régénérer, d'en remplacer d'autres, inefficaces ou endommagées, afin que l'existence terrestre n'eût pas de terme. Mais quelque chose a tout changé ; je ne découvris pas le processus dans ses moindres détails, mais je compris que le « décès » avait introduit la mortalité dans le jardin d'Eden. J'eus la preuve que ce dernier *n'était pas une illusion*, et que les décisions qui y furent prises avaient généré des conditions rendant la vie éternelle impossible sur Terre.

Notre corps *doit* mourir, mais le pouvoir subsiste en nous, grâce à la foi et à l'énergie positive, de renforcer les vertus apaisantes de nos cellules. Il ne faut pas oublier que la volonté de Dieu intervient toujours dans la guérison.

Beaucoup de mes maladies étaient nées de la dépression ou du sentiment de ne pas être aimée. J'avais souvent cédé aux lamentations : « Oh ! mes maux, mes douleurs ! » ; « Personne ne m'aime ! » ; « Regardez comme je souffre ! » ; « C'est insupportable ! » ; et c'était le *moi*, le *moi* et encore le *moi* qui s'exprimait ainsi. Je réalisai l'ampleur de mon égocentrisme. Non seulement j'avais revendiqué ces infortunes, mais je leur avais ouvert la porte et avais accepté qu'elles soient miennes. Je les avais intégrées. Une sorte de mécanique à mouvement perpétuel fonctionnait dans mon corps : « Pauvre de moi », se traduisait dans celui-ci par : « Je suis malade. » Je n'y avais jamais songé auparavant, désormais j'admettais que j'étais en partie responsable de mes soucis.

L'autosuggestion positive enclenche le mécanisme de guérison. Une fois l'affection identifiée, il faut se mettre à énoncer son remède, à libérer son esprit des idées qui encouragent le mal-être et à se concentrer sur sa thérapie. Il s'agit ensuite d'exprimer celle-ci par des mots qui se joindront à la force de nos pensées et exciteront les intelligences qui nous entourent, puis qui se mettront à l'œuvre pour nous soigner. Ces paroles seront encore plus efficaces si elles s'expriment sous forme de prière. Si notre rétablissement est justifié, Dieu nous aidera à le concrétiser.

Nous ne devons pas nier la présence du problème, mais simplement refuser qu'il domine notre droit divin de nous en débarrasser. C'est la foi qui est importante dans la vie, et non pas ce que nous voyons. La vue est liée à l'esprit analytique et cognitif. Elle est rationnelle. Elle raisonne. La foi est guidée par l'âme, qui est émotionnelle, non sélective. Elle intériorise. Et, comme pour tout autre chose, la meilleure manière d'acquérir la foi c'est de s'y exercer. Si nous apprenons à nous servir correctement de ce que nous possédons, nous en recueillerons les fruits. C'est une loi spirituelle.

Développer sa foi, c'est comme semer des graines. Même si certaines s'égarent dans le talus, une récolte est toujours possible. *Chaque* acte de foi nous bénira. Et plus nous serons habiles (et nous le deviendrons grâce à la pratique assidue), plus notre moisson sera abondante. C'est en soi que l'on trouve la source de sa propre régénération. C'est aussi une loi spirituelle.

A présent, je commençais vraiment à saisir le pouvoir de l'âme sur le corps, et je m'apercevais que l'âme jouait un rôle dont la plupart d'entre nous n'avaient pas conscience. Je savais évidemment que, de mon esprit naissaient mes pensées, et que mon corps exécutait mes actions, mais l'âme avait toujours constitué un mystère pour moi. Je découvrais maintenant que presque tout le monde était confronté à la même interrogation. Elle agit généralement sans que l'esprit s'en rende compte. Elle communique avec Dieu. C'est à travers elle que la connaissance et l'entendement nous parviennent. Il était important que je le comprenne. Je la comparai alors à un tube fluorescent logé en notre for intérieur. Quand il rayonne, notre moelle regorge de lumière et d'amour ; c'est cette énergie qui procure au corps vie et puissance. Mais la lumière et l'âme peuvent être affaiblies par des expériences négatives — par le manque de tendresse, par la violence, les outrages sexuels, ou d'autres préjudices. Et quand l'âme est atteinte, le corps en subit les conséquences. Il n'en tombera pas forcément malade, mais il restera en péril tant qu'elle ne sera pas revigorée. Nous pouvons redonner des forces à notre âme en nous mettant au service des autres, en ayant foi en Dieu, et simplement en nous ouvrant aux énergies positives par des pensées de même nature. *Nous* contrôlons ce processus. Dieu est la source d'énergie. Il nous la fournit sans cesse, mais il nous faut demeurer à son écoute. Nous devons accepter son impact pour profiter des répercussions qu'elle a sur notre vie.

A ma grande surprise, je constatai que la plupart des gens avaient choisi les maladies dont ils souffriraient, et, dans certains cas, celles qui les emporteraient. Parfois, la guérison n'intervient pas immédiatement, et parfois elle ne se produit pas du tout, parce que nous avons besoin de mûrir. Tout ce que nous vivons nous est bénéfique, et il arrive qu'une expérience que nous prétendons négative aide à l'épanouissement de l'âme. Au cours de notre existence pré-mortelle, nous étions extrêmement désireux, voire impatients, de nous confronter à tous les maux, affections, et accidents aptes à stimuler notre perfectionnement spirituel. J'appris que le temps que nous passons sur Terre, vu de l'au-delà, est insignifiant. Nos souffrances n'y durent qu'un moment, une fraction de seconde, et il nous tarde de les endurer. La mort est également organisée pour optimiser notre dignité. Par exemple, une personne atteinte d'un cancer connaîtra une longue agonie qui lui conférera néanmoins une certaine grandeur qu'elle ne trouverait pas en d'autres circonstances. Ma mère avait succombé à une tumeur maligne, et je compris qu'elle avait eu, vers la fin, une influence sans précédent sur les membres de sa famille. Leurs relations s'étaient améliorées et apaisées. En décédant, elle s'était ennoblie. On peut choisir une façon de mourir qui aidera quelqu'un.

Supposons qu'un individu ait décidé de trépasser en se faisant écraser par un automobiliste ivre, alors qu'il descendait du trottoir. Cela nous fait froid dans le dos, mais, du point de vue de la connaissance pure de Dieu, son âme savait qu'il épargnait un malheur encore plus grave à ce conducteur. Celui-ci, en effet, aurait pu se saouler une semaine plus tard et faucher un groupe d'adolescents qu'il aurait estropiés ou blessés cruellement. Or, cela a été évité grâce à sa condamnation à une peine de prison pour avoir tué un homme qui, lui, avait simplement accompli sa mission sur Terre. Dans la perspective de l'éternité, on a délivré les jeunes gens d'une douleur inutile, et cela amorce une longue maturation pour l'automobiliste.

Il y a beaucoup moins d'accidents que nous ne l'imaginons, surtout en ce qui concerne les choses qui nous affectent à jamais. La main de Dieu, et le chemin que nous avons emprunté avant de venir ici-bas, guident nombre de nos décisions, et même une grande part des hasards apparents auxquels nous sommes confrontés. Il est vain de tenter de les identifier tous, mais, quand ils se produisent, c'est à dessein. Même le divorce, la perte de son emploi, ou un acte de violence dont on est victime, enrichissent notre connaissance et contribuent à notre développement spirituel. Bien qu'ils soient pénibles, ces événements peuvent nous aider à nous élever. Comme a dit Jésus lors de son ministère terrestre, « ... car il est fatal qu'arrivent les scandales ; mais malheur à l'homme par qui le scandale arrive. » (Matthieu, 18 :7.)

Sous la conduite du Sauveur, j'appris qu'il était important pour moi de considérer chaque incident comme potentiellement bénéfique. Il fallait que j'accepte le sens de ma vie et ma place dans la société. Je pourrai ainsi analyser tous les épisodes désagréables qui avaient parsemé mon itinéraire et tenter d'en atténuer les impacts. Je pourrai pardonner à mes ennemis, même les aimer, et, de cette façon, invalider les influences néfastes qu'ils avaient dirigées vers moi. Je devrai insuffler de la bonté à mes pensées et à mes paroles, et appliquer ainsi un onguent sur mon cœur meurtri, comme sur celui des autres. Ma guérison commencera alors, d'abord spirituellement, puis émotionnellement, mentalement et physiquement. Je serai en mesure de me protéger de l'action corrosive du désespoir. Le droit de vivre pleinement m'était accordé.

J'avais eu le tort de me rendre aux armes favorites de Satan — la culpabilité et la peur. J'avais besoin de faire table rase du passé. Si j'avais péché ou enfreint les lois, je devais tout reconsidérer, excuser mes propres erreurs, et aller droit devant moi. Si j'avais blessé quelqu'un, il fallait que je me mette à l'aimer — sincèrement — et que je sollicite son pardon. Si j'avais porté préjudice à mon âme, il était essentiel que je me rapproche de Dieu pour goûter à nouveau Son amour — Son amour apaisant. Le repentir s'avère aussi aisé que difficile, c'est nous et nous seuls qui en décidons. Quand on tombe, il faut se relever, se dépoussiérer, et repartir. Si on chute, même un million de fois, il faut néanmoins continuer ; et c'est alors que nous mûrissons plus que nous le pensons. Dans le monde de l'esprit, le péché n'a rien à voir avec la façon dont nous l'appréhendons ici-bas. *Toutes* les expériences peuvent être positives. Toutes sont porteuses d'enseignements.

L'idée du suicide ne doit pas même nous effleurer. Cet acte ne saurait que gâcher les opportunités que la vie terrestre nous offre afin que nous nous épanouissions. Et plus tard, en y repensant, nous pleurerions ces potentialités perdues pour toujours. Il est important de se souvenir que Dieu est le juge de chaque cœur et de la sévérité de son verdict. Recherchez l'espoir par au moins une action positive, et vous verrez peut-être une faible lueur qui vous avait échappé autrefois. Le désespoir n'est *jamais* justifié, car on n'en a jamais besoin. Nous sommes ici-bas pour apprendre, pour essayer, pour tâtonner, pour commettre des erreurs. Pourquoi s'en blâmer ? Il n'y a qu'à vivre la vie à mesure qu'elle se présente, sans s'inquiéter de l'opinion des autres, sans tenir compte de leurs critères. Il faut s'accorder le pardon et rendre grâce aux choses qui contribuent à notre progression. Nos plus rudes épreuves se révéleront un jour nos meilleurs professeurs.

Chaque création est l'œuvre des pensées. De même, le péché, le sentiment de culpabilité, la détresse, l'espoir, l'amour naissent en nous. Toute guérison comme toute souffrance viennent de l'intérieur. Nous pouvons dessiner une spirale du désespoir, ou une volute de bonheur et de conquête. Nos pensées ont une puissance *colossale*.

Nous sommes comme des bébés qui se traînent à quatre

pattes et explorent les moyens d'utiliser leurs forces. Celles-ci sont très grandes et régulées par des lois qui nous protègent de nous-mêmes. Mais en nous élevant et en cherchant ce qui est positif autour de nous, ces mêmes lois nous seront dévoilées. Et tout ce que nous sommes préparés à recevoir nous sera donné.

9

Les métiers à tisser
et la bibliothèque

Mon nouveau savoir me rapprochait du Sauveur. J'apprenais à Le connaître. Je chérirai toujours ce moment d'intimité. L'importance qu'Il accordait à mes sensations était source d'inspiration ; Il ne cherchait jamais à faire ou dire quoi que ce soit de blessant. Il me jugeait capable de comprendre, et me préparait avec attention à recevoir tout ce qui s'offrait à ma vue. Dans le monde de l'âme, personne n'a à subir le désagrément d'être forcé de faire ou d'accepter des choses pour lesquelles il n'est pas prêt. Ici, la patience est naturelle.

Je n'oublierai jamais le sens de l'humour du Seigneur. Il l'avait aussi délicieux et aigu, si ce n'est plus, que le meilleur qui soit ici-bas. Personne ne pourrait Le vaincre sur ce terrain. Il déborde d'un vrai bonheur, d'une réelle bonne volonté. On ressent la douceur et la grâce en Sa présence, et je n'ai aucun doute quant à Sa perfection. Je L'ai rencontré, Il m'a fait partager Son esprit et Ses sentiments, et Il m'a accordé de l'intérêt. Je me suis aperçue de notre parenté. Nous appartenons à la même famille. Il représente à la fois mon père et mon grand frère. Il était proche de moi, mais Son autorité demeurait. Il était généreux et tendre, mais possédait également un grand sens des responsabilités. J'étais parfaitement consciente qu'Il n'abuserait jamais de Sa souveraineté, qu'Il n'en aurait même pas le désir.

Toujours nimbé par la lumière, Jésus me sourit en signe d'assentiment. Il se tourna vers la gauche et me présenta à deux femmes qui venaient d'apparaître. Une troisième passa rapidement derrière elles, mais elle avait une mission à accomplir et ne s'arrêta qu'un instant. Jésus chargea les deux premières de me tenir compagnie, et leur joie d'être avec moi éclata. Comme je les observais, je me souvins d'elles ; c'étaient mes amies les plus proches parmi celles que j'avais eues avant ma venue sur Terre. Leur émotion était aussi intense que la mienne. Au moment de nous laisser entre nous, Jésus eut un sourire aux lèvres et sembla murmurer à mon âme : « Va t'instruire dè toute chose. » J'étais donc libre de voir et de vivre tout ce que je souhaitais. Je fus transportée de savoir qu'il y avait encore beaucoup à apprendre — « infiniment » s'avérerait le mot juste. Le Sauveur nous quitta, et mes deux amies me serrèrent dans leurs bras. Ici, l'amour était partout ; tout le monde en regorgeait. Chacun était serein. Bien que leur lumière et leur puissance soient beaucoup plus faibles que celles du Christ, leur amour était inconditionnel. Elles m'aimaient de tout leur cœur.

Cette visite s'effaça partiellement de ma mémoire. Je me rappelle une grande salle où des gens travaillaient, mais je ne me souviens ni du chemin qui nous y mena, ni de l'aspect extérieur de l'édifice. C'était une belle pièce. Les murs semblaient être construits en une matière pareille à un marbre très fin et qui laissait filtrer la lumière. Par endroits, je voyais dehors par transparence. L'effet était fort particulier et magnifique.

Nous nous approchâmes des gens, et je découvris qu'ils s'affairaient sur de grands métiers à tisser, de facture très ancienne. « Comme c'est archaïque », pensai-je en premier lieu, frappée de trouver des machines manuelles dans le monde de l'âme. Il y avait de nombreux êtres spirituels, des hommes et des femmes. Ils m'accueillirent avec le sourire. Ils paraissaient ravis de me rencontrer. Ils dégagèrent un des métiers pour me permettre de mieux l'observer. Ils avaient hâte que je constate l'habileté de leurs doigts. Je m'avançai et choisis un morceau de la toile qu'ils confectionnaient. Sa texture tenait à la fois de celle de la fibre de verre et de la barbe à papa. Quand je la faisais bouger, elle chatoyait et étincelait. On aurait dit qu'elle était vivante. C'était surprenant. D'un côté, elle était opaque, et de l'autre, translucide. Cette qualité de miroir sans tain lui avait certainement été attribuée dans une intention bien déterminée, mais on ne me la dévoila pas. Les ouvriers m'expliquèrent que le tissu était transformé en habits pour ceux qui pénétraient dans le monde de l'âme. Naturellement, ils étaient enchantés d'exécuter cette tâche. Ils le furent davantage quand je leur exprimai ma gratitude pour avoir été habilitée à contempler tout cela.

Nous reprîmes, mes deux amies et moi, le cours de notre visite, et traversâmes bien d'autres salles où je vis des choses stupéfiantes et des individus merveilleux, mais je n'ai pas été autorisée à en garder le souvenir. Il ne me reste que l'impression d'un périple de plusieurs jours, voire de plusieurs semaines, qui ne me fatigua pas. Le travail manuel procure à ces gens — à ceux qui l'ont choisi — un plaisir extrême. Ils adorent fabriquer des appareils utiles aux autres — aussi bien chez eux qu'ici-bas. J'aperçus une machine gigantesque semblable à un ordinateur, mais beaucoup plus complexe et puissante. Ceux qui s'en servaient furent également heureux de me montrer leur besogne. Je compris à nouveau que tout ce qui est

important est d'abord créé spirituellement, puis physiquement. Auparavant, je ne m'en doutais nullement.

On me conduisit à une sorte de grande bibliothèque. Elle
avait tout d'une mine d'érudition, mais, apparemment, elle
ne contenait aucun livre. Je pris alors conscience que des
idées imprégnaient mon cerveau, que j'accumulais un
savoir sur des sujets sur lesquels je ne m'étais pas penchée
depuis longtemps — ou que j'avais dédaignés depuis
toujours. Puis, je réalisai que j'étais au cœur d'une
bibliothèque de l'esprit. Il me suffisait de penser à une
matière, comme je l'avais fait tantôt en présence du Christ,
pour que toutes les connaissances afférentes me soient
livrées. La vie de n'importe quel personnage historique
ou du monde de l'âme m'était contée dans le moindre
détail.

A chacune de mes interrogations s'offrait une réponse, et
il était impossible de ne pas comprendre correctement
chaque pensée, chaque explication, chaque parcelle de
science. Rien ici n'était ambigu. L'histoire était claire,
l'intelligence totale. J'apprenais non seulement ce que les
gens avaient commis, mais aussi pourquoi ils s'étaient
comportés ainsi, et comment leurs actes avaient modifié
chez les autres la perception des faits. Je saisissais sous tous
les angles possibles la réalité relative à chaque thème ;
ainsi, un événement, une biographie ou un principe m'était
exposé de manière exhaustive et inconcevable sur Terre.

Mais il ne s'agissait pas uniquement d'un processus
mental. Les sensations de ces hommes et de ces femmes
alors qu'ils agissaient, je les éprouvais aussi. J'admettais
leurs joies, leurs peines et leurs émotions, car je les vivais
moi-même. Une part de cette richesse m'a été retirée, mais
pas en totalité. Je chéris celle que je conserve, car il était
primordial que je sois au faîte de certains épisodes histo-
riques.

Je voulais me frotter à d'autres expériences dans cet univers magique et merveilleux, et mes guides se réjouirent de m'accompagner. Leur plus grand plaisir consistait à me rendre heureuse, et c'est avec enthousiasme qu'elles me proposèrent une promenade dans un jardin.

10

Le jardin

Dès notre arrivée, je vis des montagnes, des vallées spectaculaires, et des rivières à l'horizon. Mon escorte me laissa seule, et m'octroya ainsi la possibilité d'aller à ma guise. Peut-être fallait-il que je sois libre de toute présence pour apprécier pleinement la beauté de ce jardin. Il était couvert d'arbres, de fleurs et de plantes, et l'harmonie était telle qu'il était impensable d'imaginer une quelconque disposition différente. Je marchai un moment dans l'herbe. Elle était craquante, fraîche et d'un vert éclatant. Elle semblait vivre sous mes pas. Mais le plus impressionnant, c'était l'intensité des couleurs. Il n'existe rien de comparable sur Terre.

Ici, quand la lumière rencontre un objet, celui-ci la renvoie avec une certaine coloration. Il y a des nuances par milliers. La lumière du monde de l'âme ne se réfléchit pas nécessairement sur quelque chose. Elle vient de l'intérieur, et se révèle une essence vivante. Un million, un milliard de couleurs en découlent.

Les fleurs, par exemple, ont des teintes si flamboyantes qu'elles ne paraissent pas solides. Comme toute plante possède une puissante aura lumineuse, il est difficile d'en déterminer le contour. Il est manifeste que chaque élément d'un végétal, chaque particule microscopique dont il est composé, sont doués d'intelligence. Je ne connais pas de meilleur mot pour définir cette propriété. La moindre division est indépendante et peut, en s'unissant à d'autres, engendrer un nouvel être vivant. Après avoir fait partie à un moment d'une fleur, elle est capable d'entrer plus tard dans la constitution de quelque chose d'autre, tout aussi vivant. Contrairement à nous, elle n'a pas d'âme, mais elle est pensante et organisée. Elle obéit à la volonté de Dieu et aux lois universelles. Le spectacle de cette création, et surtout les fleurs, inspirent tout ceci de manière évidente.

Non loin de moi, une rivière serpentait dans le jardin, et je fus immédiatement attirée vers elle. Une grande cascade nourrissait son cours avec une eau de la plus extrême pureté. De là, elle se jetait dans un étang. Sa clarté et sa vie éblouissaient.

La vie. Elle était aussi dans l'eau. Chaque goutte recelait une intelligence et un but. Une mélodie à la grâce majestueuse s'élevait de la cascade, emplissait le jardin et allait se mêler à d'autres arias dont je n'étais encore que vaguement consciente. Cette musique émanait de l'eau, de son intelligence, et chaque goutte jouait dans sa propre tonalité sa mélodie, qui se mariait et se combinait avec les autres sons et accords qu'elle côtoyait. L'eau louait Dieu de lui avoir donné existence et bonheur. L'ensemble surpassait en sublime toutes les symphonies des artistes de la Terre entière. En comparaison, même notre composition musicale la plus réussie semblerait interprétée par un enfant sur une boîte de conserve. Nous sommes simplement incapables d'imaginer l'immensité et la force de cette musique, et encore moins de la créer. En m'en approchant, je me dis qu'il s'agissait peut-être des « eaux vives » évoquées dans les Saintes Écritures, et j'eus envie de m'y baigner.

Je remarquai sur la rive une rose qui se détachait des autres végétaux, et me baissai pour l'examiner. Sa beauté me coupa le souffle. De toutes les fleurs qui poussaient ici, aucune ne gagna mon admiration comme celle-ci. Elle se balançait doucement au rythme d'un air caressant, et chantait de sa voix douce des louanges au Seigneur. Je réalisai que je la voyais évoluer. Assister à sa transformation m'émut, et j'émis le vœu de faire la tentative de mener sa vie, d'entrer en elle et d'être au contact de son esprit. A peine cette pensée était-elle née que j'éprouvai un tout nouveau pouvoir pour moi : comme si mes yeux prolongés par des microscopes me permettaient de la pénétrer par le regard et d'explorer ses profondeurs. Mais ce fut plus qu'une constatation visuelle. Je la sentis autour de moi, comme si j'en faisais partie intégrante, comme si *j'étais* cette rose. Elle dansait sur le rythme de tout son entourage floral, et inventait le sien propre, une mélodie en parfaite harmonie avec le chœur à mille voix des autres roses. Chaque élément de la fleur marquait sa cadence. Les pétales avaient leur tonalité, et chaque intelligence à l'intérieur d'un pétale apportait sa contribution à l'esthétique de l'ensemble — et à la jubilation sans bornes qu'on éprouvait à son écoute. Mon bonheur était encore une fois total ! Dieu était dans les plantes, en moi, et Son amour se déversait en nous. Nous n'étions plus qu'un, plus qu'une. L'Unité.

Je n'oublierai jamais la rose que j'ai été. Cette unique expérience, qui n'exprime qu'une faible lueur des joies intenses qui nous attendent dans le monde de l'âme — avec cet espoir d'appartenir enfin à un tout — était si merveilleuse que je la chérirai toujours.

11

La cérémonie de bienvenue

Un groupe d'êtres spirituels arriva dans le jardin. Beaucoup d'entre eux étaient maintenant vêtus de robes couleur pastel, peut-être pour s'accorder avec l'âme du lieu et la circonstance. Il m'entourèrent, et j'eus l'impression qu'ils se réunissaient comme pour me décerner un prix. J'étais morte (ou j'entrais au tableau d'honneur, comme leur langage semblait l'exprimer), et ils venaient me féliciter. Leurs visages rayonnaient de cette joie qu'on éprouve quand un enfant vient de se délecter pour la première fois de quelque chose de follement délicieux. Je réalisai que je les connaissais tous d'avant ma vie sur Terre. Je me précipitai sur eux pour les étreindre et les couvrir de baisers. Mes anges serviteurs — mes chers moines — étaient également là, et je les embrassai.

Au contact de leur esprit, je compris qu'ils étaient ici pour m'apporter un soutien moral. Mes deux amies, de nouveau à mes côtés, me déclarèrent alors que j'étais morte prématurément et qu'il ne s'agissait pas vraiment d'une cérémonie, mais d'une démonstration de ce que je recevrai en temps opportun. Elles étaient très heureuses de ma présence et prenaient plaisir à m'encourager, mais elles savaient que je devais repartir. Puis, elles me parlèrent de la mort.

Quand on « meurt », on ne fait que passer à un autre état. L'âme se glisse hors du corps et entre dans le domaine spirituel. Si la mort est violente, elle le quitte rapidement, parfois même avant le décès effectif. Si une personne est victime d'un accident ou du feu, par exemple, son âme pourra s'élever et trouver la paix avant la manifestation des douleurs, alors que son enveloppe charnelle paraîtra encore vivante pendant quelques instants.

Au moment du trépas, le choix nous est donné de rester sur cette Terre jusqu'à l'enterrement, ou de rejoindre, comme moi, le niveau auquel notre âme est parvenue. Il y a plusieurs échelons de développement, et nous atteignons toujours celui où nous nous sentons le mieux. La plupart des âmes prennent l'option de demeurer une courte période sur la planète et de consoler leurs proches ; la famille a beaucoup plus de chagrin que celui qui s'en va. Dans certains cas, si un profond désespoir s'empare des personnes qui lui sont chères, l'âme prolonge son séjour ici-bas, car sa mission consiste à apaiser celles et ceux qui la pleurent.

Nos prières peuvent profiter aussi bien aux êtres spirituels qu'aux mortels. S'il y a lieu de s'inquiéter pour l'âme de celui qui nous a abandonné, si l'on pense que sa transition se fera difficilement ou à contrecœur, nous devons alors prier pour lui et engager notre aide spirituelle.

Il est important, quand on est incarné, d'entretenir une complicité avec l'âme. Mieux elle sera intégrée ici-bas, plus nos progrès, là-haut, seront rapides et profonds. Certains ne connaissent pas son existence ou n'y croient pas. Ils génèrent ainsi son emprisonnement au niveau du sol. Ceux qui meurent athées, ceux qui n'ont offert à la planète que leur cupidité ou ne se sont intéressés qu'aux choses matérielles, passent péniblement dans l'autre plan, et perdent leur sensibilité. Ils sont souvent dépourvus de foi et de la capacité d'accéder (voire de distinguer) à l'énergie et à la lumière qui nous mènent à Dieu. Ces âmes ne décollent pas de la Terre tant qu'elles n'ont pas appris à accepter la puissance supérieure qui les entoure et à se détacher du monde. Quand j'étais dans la masse noire avant de me diriger vers la lumière, j'avais senti la présence de ces âmes hésitantes. Elles se réfugient dans Son amour et Sa chaleur autant qu'elles le désirent, se soumettent à Son fluide apaisant, mais se rendent finalement à l'évidence que c'est auprès de Dieu qu'elles trouveront chaleur et sécurité.

C'est au sujet de Jésus-Christ que l'on me fit la plus importante révélation. Il est le chemin de retour que nous emprunterons *tous*, et le seul qui nous est ouvert. Certains vivent en sa compagnie ici-bas, et d'autres ne le rencontrent que dans l'univers de l'âme, mais, finalement, nous devons tous L'accepter et nous rendre à Son amour.

Mes amis du jardin me portaient une affection sans bornes, et ils voyaient bien que je ne souhaitais pas repartir maintenant, que je voulais encore faire de nombreuses découvertes. Leur désir de me satisfaire dépassa mon attente.

12

Une multitude de mondes

Ma mémoire se montrait plus généreuse que jamais. Elle alla chercher dans mes souvenirs, des éternités passées, des moments antérieurs à l'élaboration de la Terre. Je me rappelai que Dieu était le créateur de nombreux mondes, galaxies et royaumes insoupçonnables, et je voulus les voir. Mes pensées me donnèrent alors le pouvoir de m'envoler du jardin, escortée cette fois par deux autres êtres de lumière qui se firent mes guides. Nos corps spirituels s'éloignèrent de mes amis et prirent leur essor vers la noirceur de l'Univers.

Notre vitesse augmenta, et je connus l'ivresse du vol. J'étais capable d'agir comme je le voulais, d'aller où je le désirais, vite — incroyablement vite — ou lentement. J'adorais cette liberté. J'entrai dans l'immensité de l'espace, et appris qu'il n'étais pas vide ; il était plein d'amour et de lumière — la présence palpable de l'Esprit de Dieu. J'entendis un doux et agréable bruit. Il était lointain mais réconfortant, et je m'en trouvai sereine. Il faisait songer à une note de musique, mais il était universel et semblait se propager partout. Il fut suivi par un autre son d'intensité différente, et je distinguai vite un début de mélodie — un chant vaste comme le Cosmos, et qui m'apaisait et me soulageait. Les notes produisaient de délicates vibrations, et je compris, quand elle m'atteignirent, qu'elles avaient le don de guérir, et que tout ce qu'elles toucheraient bénéficierait de leur effet émollient. Elles étaient comme un baume spirituel, comme des témoignages d'amour qui consolaient les âmes brisées. Mes guides me précisèrent que toutes les sonorités musicales ne possèdent pas cette faculté — que certaines peuvent faire naître en nous des émotions négatives. Quand j'étais sur Terre, Satan les avait utilisées pour infecter mon corps et mon esprit.

Une partie des détails de ce qui suivit a été effacé de ma mémoire, mais de nombreuses impressions demeurent gravées en moi. Ma visite des mondes créés par Dieu parut durer des semaines, et même des mois. Je sentais constamment la présence de Son amour. Il me semblait être « de retour » dans mon environnement natal et ne faire que ce qui était naturel. J'allais de plan en plan. Il y avait des planètes semblables à la nôtre mais plus splendides, et toujours peuplées de gens intelligents et tendres. Nous sommes *tous* les enfants de Dieu, et c'est pour nous qu'Il a comblé le vide de l'espace. J'ai parcouru des distances impressionnantes, si l'on sait que les étoiles que je voyais sont indiscernables de la Terre car trop éloignées. J'apercevais des galaxies, m'y rendais facilement et presque instantanément. Je visitais leurs univers et rencontrais d'autres enfants de notre Seigneur. Ils étaient tous nos frères et sœurs spirituels. Et ce que j'observais correspondait à un souvenir. C'était un recommencement. Je savais que j'étais déjà venue ici.

Bien plus tard, après avoir réintégré mon corps mortel, j'essayai de me rappeler avec précision cette expérience, mais en vain, et je me sentis spoliée. Mais j'ai admis avec le temps que, pour mon bien, il fallait que j'oublie. Si je conservais encore la mémoire de ces mondes radieux et parfaits, je vivrais constamment dans la frustration et accomplirais mal la mission que Dieu m'a confiée. Mon impression d'être volée a généré un sens du respect et une profonde gratitude pour ce que j'ai connu. Dieu n'était pas obligé de m'offrir ce voyage intergalactique, et Il aurait pu m'en ôter le souvenir dans sa totalité. Pourtant, en Sa miséricorde, Il m'a beaucoup donné ; j'ai vu des mondes que les plus puissants téléscopes seraient incapables de repérer, et je sais l'amour qui y règne.

13

Le choix d'un corps

Je revins au jardin où je retrouvai mes deux amies. J'avais vu, dans les mondes que j'avais visités, des gens qui faisaient des progrès en s'efforçant de ressembler davantage à notre Père, et j'étais curieuse des moyens à utiliser afin d'évoluer sur notre planète. Comment mûrissons-nous ?

Elles furent ravies de ma question, et m'emmenèrent en un lieu où de nombreuses âmes se préparaient à la vie sur Terre. Elles étaient matures — je ne rencontrai aucune âme d'enfant pendant toute mon expérience — et brûlaient d'un désir intense de descendre. Elles considéraient la vie mortelle comme une école qui leur permettrait d'apprendre une foule de choses et d'acquérir les qualités qui leur manquaient. Nous avons tous eu *l'envie* de venir ici-bas, et nous avons choisi nous-mêmes, afin d'avancer, une forte proportion de nos faiblesses et de nos situations difficiles. Il est même des défauts qui nous ont été attribués pour notre bien. Le Seigneur nous offre aussi des dons et des talents selon Sa volonté. Nous ne devrions jamais les comparer avec ceux des autres. Chacun possède ce dont il a besoin ; chacun est unique. L'égalité des aptitudes et des fragilités spirituelles est superflue.

Le sol se déroba devant et sous moi, comme une fenêtre qui s'ouvre, et je contemplai la Terre, aussi bien sous son aspect matériel que spirituel. Certaines âmes vertueuses, enfants de notre Père au Paradis, n'avaient pas voulu entrer dans un corps. Elles avaient trouvé leur voie en restant des âmes, en devenant nos anges gardiens. Il en existe d'autres catégories, entre autres les « anges combattants ». Leur fonction est de livrer bataille à Satan et à ses démons. Bien que des anges protecteurs, des anges gardiens et des âmes veillent sur nous tous, il arrive que l'intervention des anges combattants soit nécessaire, et c'est la prière qui déclenche leurs agissements. Ce sont des géants, ils sont extrêmement bien bâtis et ont une mine imposante. Ils sont superbes. Il me suffit de les voir pour comprendre qu'il serait vain de se mesurer à eux. Ils étaient habillés comme de vrais guerriers, autant par la coiffure que par l'armure, et s'avéraient plus agiles que les autres anges. Mais je crois que ce qui les distinguait plus qu'autre chose, c'était leur aura de confiance ; ils ne doutaient nullement de leur compétence. Rien dans le règne du Mal ne pouvait les intimider, et ils ne l'ignoraient pas. Soudain, ils s'élancèrent pour accomplir une mission (qui ne me fut pas révélée), et je fus touchée par leur air soucieux ; ils étaient conscients de l'importance de leur tâche. Ils savaient, tout comme moi, qu'ils ne reviendraient pas avant de l'avoir exécutée jusqu'au bout.

Satan cherche à nous posséder. Parfois, les forces qu'il rassemble contre l'un de nous appellent une aide spécifique. Le fait qu'il ne sache pas lire dans nos cœurs nous met toujours à l'abri des mauvaises intentions. Cependant, il est capable de déchiffrer ce que notre visage exprime, ce qui revient pratiquement au même. Notre physionomie trahit les sentiments et les émotions de notre âme. Dieu le voit, les anges le voient, et Satan le voit, ainsi que certaines personnes très sensibles. Nous pouvons nous protéger en contrôlant nos pensées, en laissant la lumière du Christ entrer dans notre vie. Si nous agissons ainsi, celle-ci brillera à travers nous et illuminera nos traits.

Je vis à nouveau les âmes qui n'étaient pas encore allées sur Terre. Certaines survolaient des mortels. Une âme de sexe masculin tentait de provoquer une rencontre entre un homme et une femme — ses futurs parents. Il imitait Cupidon mais n'obtenait guère de résultat. Chacun d'eux prenait des directions opposées et se montrait fort peu coopératif. L'âme leur parlait, leur soufflait la bonne attitude à adopter, essayait de les persuader de s'unir. D'autres âmes furent peinées par ses difficultés et se rangèrent à sa cause. Elles réunirent ainsi leurs efforts pour pousser ces deux jeunes gens vers « l'enclos » de l'amour.

Nous nous sommes liés dans le monde de l'âme avec les êtres spirituels dont nous nous sentions particulièrement proches, avec lesquels nous entretenions un amour vieux d'une éternité. Nous avons convenu avec eux de devenir amis ou membres de la même famille sur Terre. Nous avons également décidé d'y être ensemble pour accomplir une œuvre commune. Quelques-uns désiraient agir de conserve pour changer telle ou telle chose, et les circonstances idéales pour le faire seraient créées par des amis ou des parents de leur choix. Certains s'en tenaient à élargir une voie déjà ouverte, et à la paver pour le bénéfice de leur entourage. Nous savions l'influence que nous aurions les uns sur les autres, tant au niveau de nos caractéristiques physiques qu'à celui de notre comportement. Le code génétique n'était pas un secret pour nous, et nous connaissions la physionomie que nous posséderions. Tout cela, nous le voulions et nous en avions besoin.

Nous comprenions que les cellules de nos nouveaux corps avaient une mémoire. Cette notion m'était alors totalement étrangère. J'appris que toutes nos pensées et expériences sont enregistrées dans le subconscient. Elles le sont aussi dans les cellules qui ne contiennent donc pas que le code génétique. Cette mémoire est certes transmise à nos enfants par l'intermédiaire de ce code, et elle joue beaucoup sur les traits de caractère de nos descendants : les dépendances diverses, la peur, la force, et bien d'autres encore. La vie ne se répète jamais ; quand nous croyons nous « souvenir » d'une existence antérieure, nous faisons en fait rejaillir la mémoire préservée dans nos cellules.

Nous nous apprêtions à affronter les problèmes dus à la complexité de notre constitution physique, et acceptions ces conditions avec confiance.

On nous a attribué les qualités spirituelles nécessaires pour accomplir notre mission, certaines étant spécialement adaptées à nos exigences. Nos parents détenaient les leurs, et nous en avons peut-être reçu certaines en héritage. Nous observions de quelle manière ils en faisaient usage. Avec la maturité, nous en avons acquises d'autres. Aujourd'hui que nous sommes en possession de ces richesses spirituelles, nous avons tout le loisir de nous en servir ou de ne pas les utiliser. Il reste possible, quel que soit notre âge, d'augmenter nos talents susceptibles de nous aider face à des situations connues ou inconnues. C'est une question de choix. Nous recelons toujours l'attribut propre à nous sortir de chaque situation, même si nous l'ignorons ou n'avons pas appris à l'exploiter. Il faut explorer le for intérieur. Il est essentiel de faire confiance à nos capacités ; l'instrument spirituel adéquat existe à coup sûr.

Après avoir assisté à la délicate tentative de la rencontre entre les deux jeunes gens, mon attention fut attirée par d'autres âmes qui se préparaient pour aller sur Terre. L'une, exceptionnellement brillante et dynamique, entrait dans le ventre de sa mère. Elle avait décidé de venir au monde en tant qu'handicapé mental. Cette opportunité l'exaltait, et elle savait qu'elle et ses parents parviendraient à terme à un haut degré de maturité. Il y avait longtemps qu'ils avaient conçu cet arrangement. L'âme avait choisi de commencer sa vie humaine à la conception de sa chair, et je la vis pénétrer dans le ventre et se fondre dans un corps naissant. Elle avait hâte de recevoir l'amour de ses parents mortels.

J'appris que les âmes peuvent rejoindre leur utérus à n'importe quel stade de la grossesse. Quand elles y sont installées, elles entament immédiatement leur existence temporelle. L'avortement, m'expliqua-t-on, est contre nature. L'âme qui en est victime se sent rejetée et éprouve beaucoup de chagrin. Elle n'ignore pas que ce corps devait être le sien, qu'il fût conçu hors des liens du mariage, handicapé ou tout juste assez fort pour vivre quelques heures. Mais elle éprouve aussi de la compassion pour sa mère, et a conscience que sa décision était basée sur son niveau personnel de connaissance.

De nombreuses âmes ne passeraient qu'un bref instant sur Terre, car leur vie ne durerait que quelques heures ou quelques jours après la naissance effective. Elles étaient néanmoins aussi heureuses que les autres, puisqu'elles auraient, elles aussi, une raison d'être. Leur mort avait été programmée avant leur naissance — comme l'est aussi la nôtre. Elles n'avaient pas besoin d'une longue existence pour se développer, et leur trépas serait une épreuve qui enrichirait leurs parents. La douleur d'une telle expérience est intense mais courte. Nous finissons par nous retrouver, la douleur est gommée, et ne demeure que la joie de notre mûrissement et de notre amitié.

Je fus surprise par le nombre de projets et de décisions prises pour le bien d'autrui. Nous désirions tous nous sacrifier pour les autres. Tout est fait pour que l'âme grandisse — toutes les épreuves, tous les dons et faiblesses vont dans ce sens. Les choses de ce monde importent peu — ou pas du tout — aux gens de là-haut. *Tout* est envisagé du point de vue spirituel.

Un laps de temps fut imparti à chacun de nous pour parfaire son éducation terrestre. Certaines âmes ne viendraient que pour naître, confronter leurs proches à un malheur, puis se retirer rapidement de ce monde. D'autres iraient jusqu'à la vieillesse pour atteindre leur objectif et offrir à la communauté des opportunités de rendre service. D'autres encore seraient nos modèles ou nos admirateurs, nos soldats, nos riches ou nos pauvres, et leur rôle serait de provoquer des situations et d'établir des relations qui nous enseigneraient à aimer. Tous ceux que nous croiserions sur notre chemin nous mèneraient au sommet de notre accomplissement. Il nous fallait affronter de véritables gageures pour savoir comment nous suivrions le plus important des commandements : aimons-nous les uns les autres. Nous sommes tous mutuellement liés sur Terre, unis dans ce suprême dessein : apprendre à nous aimer.

Avant la fin de cet épisode de la vie pré-terrestre, une autre âme attira mon attention. C'était un des êtres les plus charmants et ravissants qu'il m'avait jamais été donné de voir. Elle était enjouée, débordait d'énergie et sa gaieté se communiquait à tout son entourage. Je la regardai, émerveillée, et reconnus une réelle affinité entre nous, ainsi que l'indubitable amour qu'elle éprouvait pour moi. Il ne me reste que peu de souvenirs de ce moment, mais j'eus la certitude que je ne l'oublierais jamais. J'ignorais sa destination, mais elle serait à coup sûr un ange exceptionnel.

Durant ce spectacle de l'existence pré-mortelle, je fus impressionnée par la beauté et la splendeur de chaque âme. Je savais que, comme nous tous, j'étais déjà venue ici, et que j'avais été pourvue de lumière et de grâce. Puis cette pensée, s'appliquant à l'humanité entière, me vint à l'esprit : « Si vous vous voyiez avant votre naissance, vous seriez stupéfaits de votre intelligence et de votre rayonnement. Naître, c'est s'endormir et oublier. »

14

L'ivrogne

Venir sur Terre est une démarche comparable au choix d'une université et d'un cursus d'études. Nous sommes tous à différents niveaux de développement spirituel, et nous occupons la place qui correspond le mieux à nos exigences. Dès que nous blâmons les autres pour leurs fautes ou leurs défauts, nous trahissons une faiblesse identique. Nous n'en savons pas assez pour porter des jugements sains.

Comme pour illustrer ce principe, les cieux s'ouvrirent à nouveau sur la planète bleue. Cette fois, mes yeux se fixèrent sur un carrefour d'une grande ville. J'y aperçus un homme, dans un état d'hébétement alcoolique, couché sur le trottoir longeant un immeuble. « Que vois-tu ? », me demanda une de mes guides.

« Eh bien, un clochard saoul qui se vautre dans sa mare », répondis-je, sans savoir pourquoi on m'imposait cette vision.

Mes amies s'animèrent. « Nous allons maintenant te montrer qui il est », annoncèrent-elles.

Son âme se révéla à moi, et je découvris un homme superbe, éclatant de lumière. L'amour émanait de son être, et je compris qu'il était fort admiré dans les cieux. Ce personnage formidable était descendu sur Terre comme professeur pour aider un ami avec qui il s'était spirituellement lié.

Ce dernier était un avocat renommé dont le cabinet était situé à quelques rues de là. L'alcoolique n'avait pas souvenir de l'accord conclu avec lui, mais son but était de lui rappeler les besoins des autres. L'avocat était de nature compatissante, et l'image du miséreux susciterait chez lui l'envie de partager sa fortune. Ils se croiseraient, et l'avocat reconnaîtrait son âme — l'homme dans l'homme — et serait porté à faire le bien. Leur convention demeurerait à jamais inconsciente, mais leur mission serait néanmoins remplie. Le clochard avait sacrifié sa vie terrestre au profit d'autrui. Son évolution se poursuivrait et il trouverait encore de nouvelles occasions de progresser.

J'avais, moi aussi, rencontré des gens qui m'avaient semblé familiers. Le premier contact m'avait laissé pendant un court instant une impression d'intimité. J'avais eu le sentiment inexplicable de déjà les connaître. Je savais désormais qu'il existait une raison pour que nos chemins se croisent. Ils m'avaient toujours été particulièrement chers.

Mes guides reprirent la parole et me sortirent de mes réflexions. Elles m'enseignèrent que mon manque de connaissance pure m'interdisait de juger quelqu'un. Ceux qui passaient à côté de l'ivrogne ne pouvaient pas se rendre compte de sa noblesse d'âme, et statuaient ainsi selon les apparences. J'avais moi-même eu le tort de prononcer silencieusement des conclusions basées sur la richesse ou les talents extérieurs. Mais je m'étais montrée injuste. J'ignorais ce qu'était la vie des autres, et, plus important, quelle était leur âme.

« Car il y a toujours un pauvre près de toi, et chaque fois que tu en verras un, tu seras généreux », pensai-je. Mais cette parabole me dérangeait. Pourquoi avons-nous les déshérités avec nous ? Le Seigneur ne pourrait-il pas pourvoir à tout ? Ne suffirait-il pas qu'il incite l'avocat à donner un peu de son argent ? Les guides se mêlèrent à ma réflexion : « Il y a des anges qui marchent parmi vous, et vous ne vous en apercevez pas. » Cela me rendit perplexe. Elles m'aidèrent alors à comprendre. Nous avons *tous* des besoins, et pas seulement les miséreux. Et nous nous sommes tous engagés dans le monde de l'âme à nous entraider. Mais nous tardons à respecter des promesses contractées il y a si longtemps. C'est pourquoi le Seigneur nous envoie des anges pour nous y inviter, pour nous porter à nous conformer à notre devoir. Il ne nous force pas, mais Il peut nous y rappeler. Nous ne saurons jamais qui sont vraiment ces êtres — ils paraissent semblables à tout le monde — mais ils sont avec nous plus souvent que nous ne le croyons.

Je n'avais pas l'impression qu'on me réprimandait, mais j'avais sans doute mal interprété — et sous-estimé — le soutien que Dieu nous apporte. Il le fait autant qu'Il le peut, sans entraver notre manière de vivre pas plus que notre volonté. Nous devons éprouver le désir de nous aimer les uns les autres. Nous devons chercher à comprendre que les pauvres méritent notre estime autant que les riches. Nous devons accepter tous les autres, même ceux qui sont différents. Tous sont dignes de notre amour et de notre bonté. L'intolérance, le mépris des gens, l'exclusion systématique de ceux qui ne nous ressemblent pas, notre sentiment de « ras-le-bol » sont inconcevables. La seule chose essentielle à conserver de cette existence terrestre, c'est le bien que nous avons fait aux autres. Toutes nos actions charitables et toutes nos paroles agréables nous seront rendues au centuple après cette vie. Nous tirons notre force de notre altruisme.

Mes amies et moi observâmes un moment de silence. Je ne voyais plus l'ivrogne. Mon cœur était plein de compréhension et d'amour. Oh ! si je pouvais aider mon prochain comme il aiderait son ami. Oh ! si je pouvais consacrer tout mon temps, toutes mes forces à son bonheur. Cette conclusion retentit à nouveau en moi : nous tirons notre force de notre altruisme.

15

Prière

J'eus honte de mon ignorance concernant ces notions sur l'humanité, de n'avoir pas su que toute âme recelait une grandeur divine. J'avais soif de plus de lumière et de connaissance. Les cieux se dérobèrent encore, et je vis le globe terrestre qui tournait dans l'espace. Une quantité de faisceaux, tels ceux d'un phare, en jaillissaient. Certains étaient très puissants et transperçaient le ciel comme de gigantesques rayons laser. D'autres semblaient provenir d'une petite lampe torche, et quelques-uns n'étaient que de simples étincelles. A mon immense surprise, on m'expliqua qu'ils représentaient les prières des Terriens.

Des anges se précipitaient pour y répondre. Leur organisation permettait d'apporter le maximum d'aide. Pour contenter chacun, ils volaient littéralement de prière en prière. Leur travail les comblait d'amour et de bonheur. Ils étaient ravis de nous assister, et particulièrement heureux quand quelqu'un disait une oraison avec assez d'intensité et de foi pour recevoir une réponse immédiate. Ils s'occupaient d'abord de celles dont l'éclat et la puissance étaient les plus intenses, puis de chacune selon son ordre d'arrivée, jusqu'à ce que toutes soient exaucées. Toutefois, je remarquai que le faisceau des prières récitées mécaniquement, celles qui manquaient de sincérité, était faible, sinon inexistant ; et certaines, qui ne possédaient aucune énergie, n'étaient même pas perçues.

Toutes celles qui expriment un désir réel sont entendues et l'on s'applique à les satisfaire. Quand nous sommes dans le besoin, ou quand nous prions pour une autre personne, les rayons émanent directement de nous et se voient instantanément. Les plus belles prières sont celles d'une mère pour ses enfants. Ce sont les plus pures, car elles traduisent un souhait profond et, parfois, le désespoir. Une mère est capable d'offrir son cœur à ses enfants et d'implorer Dieu de toutes ses forces pour eux. Quoi qu'il en soit, nous pouvons tous élever notre âme au niveau du Seigneur par la prière.

Une fois que nous avons émis un vœu, nous ne devons pas faire montre d'impatience, mais accorder notre confiance au pouvoir du Créateur de le combler. Il connaît nos exigences de chaque instant et n'attend que d'être invité à nous contenter. Il est tout-puissant pour répondre à nos requêtes, mais Il doit s'en tenir à Sa loi et à nos attentes. Il faut que Sa volonté devienne la nôtre. Notre confiance en Lui ne doit jamais faiblir. Une demande formulée avec loyauté et foi sera toujours récompensée.

Une prière pour le bien d'autrui jouit d'un très fort impact. Mais elle ne sera exaucée qu'à condition qu'elle n'aille pas à l'encontre du libre choix de celui qui en est l'objet, et qu'elle ne le frustre pas de ses espoirs. Dieu nous laisse agir à notre guise, mais Il tente aussi de nous aider de toutes les manières possibles. Notre âme est capable de stimuler la foi de ceux qui l'ont perdue. S'ils sont malades, nous pouvons prier pour qu'ils la retrouvent et ainsi leur rendre l'énergie de guérir, à moins que leur souffrance soit un instrument de leur développement. Si leur mort est proche, nous devons toujours penser à demander que la volonté du Seigneur soit faite. Sinon, leur passage d'un plan à un autre pourrait être contrecarré par l'apparition d'un conflit d'intention. Notre champ d'intervention est immense. Notre potentiel d'action en faveur de notre famille, de nos amis ou de nos voisins bien plus important que nous ne l'imaginons.

Tout cela semblait si simple — trop simple pour moi à première vue. J'avais toujours cru que la prière était censée durer des heures, et qu'il fallait harceler Dieu jusqu'à ce que quelque chose se produise. J'utilisais ma propre méthode. Je commençais par demander ce dont je pensais avoir besoin. Puis, je recourais à la séduction, faisant allusion qu'il était de Son intérêt de me secourir. En cas d'échec, je me mettais à négocier et à proposer des actes précis de soumission et de sacrifice en échange de Sa bénédiction. Enfin, en désespoir de cause, je suppliais, et là, quand toutes mes requêtes restaient lettre morte, je piquais une crise de rage. Cette façon de procéder avait donné beaucoup moins de résultats que ce que j'avais escompté. Je comprenais maintenant que mes prières se réduisaient à des démonstrations d'incrédulité. Je n'avais pas encore admis que Dieu ne tenait compte que de la valeur de nos vœux. C'est pourquoi j'avais usé de tels stratagèmes. Je doutais de Sa probité et de Ses pouvoirs, et n'avais même pas la certitude qu'Il m'écoutait. Tout cela avait eu l'effet d'un mur entre Lui et moi.

Ainsi, non seulement Il entend nos oraisons, mais Il connaît nos exigences bien avant que nous ne les exprimions. Lui et ses anges y acquiescent volontiers et sont même ravis de le faire. Il faut savoir qu'Il a sur nous un avantage impossible à déceler. Il voit notre passé et notre avenir infinis, et Il a conscience des manques de chaque stade de notre vie. Dans l'amour qui L'habite, Il répond aux prières conformément à cette vision éternelle et omnisciente. Il les exauce *toutes* parfaitement. C'était donc hors de sens que je réitère inlassablement les miennes comme s'Il ne les comprenait pas. Seules s'imposent la foi et la patience. Il nous a dotés de la faculté de choisir, et Il intervient dans notre vie quand nous L'y invitons.

Il est primordial de Le remercier pour ce que nous obtenons. La reconnaissance est une vertu sacrée. Il faut demander avec humilité, et recevoir avec respect. Plus nous savons gré à Dieu du bonheur dont Il nous gratifie, plus nous élargissons la voie de la future sérénité. Il déborde du désir de nous rendre heureux. Son existence nous sera révélée. Nous deviendrons peut-être des anges et accourrons au secours des infortunés. La prière et la serviabilité embelliront toujours l'éclat de notre lumière. Une faveur offerte est l'huile, produit de la compassion et de l'amour, qui alimente notre lampe.

16

Le conseil des hommes

Mes guides et moi étions toujours dans le jardin, et, à l'instant où je repris conscience de l'endroit où je me trouvais, la Terre disparut de ma vue. Mes amies me conduisirent à un grand édifice. Dès que nous y entrâmes, je fus impressionnée par ses ornements et sa beauté exquise. Les constructions, là-haut, sont de sublimes réussites ; chaque ligne, chaque angle, chaque détail est dessiné pour rendre grâce à un ensemble dont on a le sentiment qu'il est achevé, que rien n'y pourrait être différent. La moindre structure, la moindre création est une œuvre d'art en soi. Et, d'une totale harmonie.

On m'amena à l'intérieur d'une salle bâtie et aménagée avec beaucoup de finesse. Des hommes étaient assis le long d'une table en forme de haricot. On m'installa en plein centre, là où se dessinait le creux. Une chose me frappa presque immédiatement ; il y avait douze hommes — des *hommes* — mais aucune femme.

Même si j'allais à l'encontre de certains préjugés, je m'étais toujours montrée sensible à la place de la femme dans la société. Il m'importait qu'elle soit l'égale de l'homme, et surtout qu'elle soit traitée avec respect. J'avais des idées bien arrêtées quant à son aptitude à se mesurer au sexe dit « fort » dans la plupart des situations. Ma réaction, face à cette assemblée exclusivement masculine, aurait donc dû être négative, mais j'apprenais, depuis que j'avais assisté à la genèse de la Terre, à voir sous un nouvel angle le partage des rôles entre hommes et femmes. J'avais alors compris les différences entre Adam et Eve. Adam était satisfait de son existence dans le jardin d'Eden, et Eve donnait des signes de mécontentement. Son désir de devenir mère était si fort qu'elle avait accepté le risque de la mort pour l'assouvir. Elle n'a pas succombé à la tentation, mais pris plutôt une décision en toute conscience afin de réunir les conditions nécessaires à son évolution. A son instigation, Adam a alors cueilli et croqué le fruit défendu. Ils ont en conséquence entraîné le genre humain à la mortalité, laquelle est indispensable à la procréation. Mais depuis, nous mourons.

Je vis l'Esprit de Dieu se reposer sur Eve, et découvris que le rôle des femmes serait toujours exceptionnel dans le monde. Leur structure émotionnelle les rend plus réceptives à l'amour, et l'Esprit de Dieu y trouve un meilleur appui. Leur fonction de mère leur confère une intimité particulière avec Dieu, car elles sont créatrices tout comme Lui.

Je compris aussi que Satan représentait un grand danger pour elles, et qu'il userait des mêmes procédés pour les tenter que ceux dont il s'était servi dans le jardin. Il essaierait de briser les familles, et par conséquent l'humanité, en les envoûtant. Cela me perturbai, mais je savais que c'était vrai. Ses plans étaient clairs. Il s'attaquerait aux femmes en se jouant de leur tourments et de l'intensité de leurs émotions — ceux-là mêmes qui avaient donné à Eve l'élan pour agir quand Adam se complaisait dans son état. Il ferait tout son possible pour tuer l'amour du couple. Il s'efforcerait d'éloigner l'homme de la femme et les exposerait aux attraits du sexe et de la cupidité pour anéantir leur foyer. Les enfants souffriraient de cet éclatement, et les mères seraient accablées par la crainte et le sentiment de culpabilité — culpabilité en assistant à la désagrégation de leur famille, et angoisse pour l'avenir. Satan pourrait se saisir de ces deux armes pour détruire le genre féminin et lui ôter sa fonction divinement confiée. Une fois que Satan posséderait les femmes, il lui serait aisé de circonvenir les hommes. Ainsi, il m'apparut évident que les deux sexes revêtaient des rôles différents, et que chacun avait sa beauté et sa nécessité propres.

A la lumière de cette nouvelle perspective, l'absence de présence féminine dans ce conseil ne me choqua pas. J'acceptai le fait que les membres avaient leur charge, et moi la mienne. Ils rayonnaient d'amour pour moi, et je me sentis immédiatement en paix avec eux. Ils se consultèrent, puis l'un d'eux me déclara que j'étais morte prématurément. Il était *important* que je retourne sur Terre afin d'aller jusqu'au bout de ma mission, mais je m'y opposai intérieurement. Je me considérais ici chez moi, et rien n'aurait pu me convaincre de partir. Ils discutèrent à nouveau et me demandèrent si je voulais revoir ma vie. Cette question avait les accents d'un ordre. J'hésitai ; personne n'a envie que son passé mortel soit examiné en ce lieu de pureté et d'amour. Ils me dirent qu'il était capital que je la voie. Je donnai donc mon accord. Une lumière s'alluma sur le côté, et je sentis près de moi la tendresse du Sauveur.

Je me déplaçai vers la gauche pour assister au déroulement de mon existence terrestre. Les images s'animèrent à l'endroit où je m'étais tenue, sous forme d'hologrammes à très haute définition et à une vitesse incroyable. Je fus stupéfaite d'assimiler autant d'informations à une cadence aussi rapide. Mais cela ne se borna pas aux seuls événements de mon passé. Outre mes émotions personnelles antérieures, j'éprouvai aussi celles de mon entourage. Je perçus les pensées et les sentiments que je lui inspirais. Certains moments m'apparurent sous un angle inédit. « Oui, me dis-je, ah, oui ! je comprends maintenant. Eh bien, qui l'aurait soupçonné ? Mais, évidemment, ça se tient. » Puis, je constatai que j'avais parfois déçu mes proches, et cette désillusion, mêlée à ma culpabilité, me confondit de honte. Je me rendis compte des souffrances que j'avais occasionnées, et je les ressentis au plus profond de moi. Je frémis, tant ma mauvaise humeur avait causé de peine, et celle-ci me blessa. Je m'étais montrée égoïste. Mon cœur implora le secours. Comment avais-je pu être si négligente ?

Noyée dans ma douleur, l'amour de l'assemblée m'apporta un réel soulagement. Ils regardaient ma vie avec compréhension et indulgence. Tout importait : comment j'avais été élevée, l'enseignement que j'avais reçu, le mal que l'on m'avait fait, les opportunités dont j'avais ou non bénéficié. Et je réalisai que le conseil *ne me jugeait pas*. C'est moi qui me jugeais. Sa tendresse et sa bienveillance étaient absolues. Le respect qu'il avait pour moi ne pourrait jamais diminuer. Je fus particulièrement reconnaissante de son amour quand il examina la dernière phase de mon passé.

C'est alors qu'on m'expliqua et qu'on me décrivit le phénomène de « réaction en chaîne ». J'avais souvent fait marque d'injustice à l'égard de certaines personnes qui, ensuite, avaient agi de même avec d'autres. Comme dans un jeu de dominos, chaque victime en entraînait une nouvelle, jusqu'à revenir à la case départ — moi, la fautive. L'onde de choc se propageait puis rejoignait sa source. J'avais meurtri beaucoup plus de gens que je ne le croyais. Mon déchirement prit tant d'ampleur qu'il en devint insupportable.

Le Sauveur s'approcha de moi, soucieux et plein de bons

sentiments. Son esprit me revigora, et Il dénonça la sévérité avec laquelle je me critiquais. « Tu es trop dure avec toi-même », dit-Il. Il m'énonça alors l'aspect inverse de la réaction en chaîne. Je me vis me comporter avec gentillesse, accomplir un geste désintéressé, et une spirale se forma à nouveau. L'amie à qui j'avais témoigné de la générosité l'avait rendue à l'une de ses connaissances, et ainsi de suite. Grâce à une attitude simple de ma part, l'existence des autres avait redoublé d'amour et de bien-être. Leur félicité avait grandi et affecté leur vie de manière concrète et significative. La joie prit le pas sur ma douleur. J'*éprouvai* l'amour et le bien-être qu'ils ressentaient. Et ceci grâce à une clémente attention. Une phrase lourde de sens frappa mon esprit, et je me la répétai maintes et maintes fois : « L'amour est vraiment la seule chose qui compte. L'amour est vraiment la seule chose qui compte, et l'amour c'est le *bonheur* ! » Je me souvins de cette parabole : « Je suis venu pour leur donner la vie, et pour qu'ils la vivent en surabondance. » (Jean, 10 :10) ; et cette allégresse débordante me réchauffa le cœur.

Tout semblait si limpide. *Si nous sommes bons, nous serons heureux.* « Pourquoi ne l'ai-je pas su avant ? », demandai-je. Jésus, ou un des hommes présents, m'apporta une réponse qui est restée gravée en moi. Elle pénétra les profondeurs de mon âme et changea définitivement ma conception de l'épreuve et de la résistance : « Sur Terre, tu avais autant besoin des victoires que des défaites. Avant de parvenir à la béatitude, tu dois connaître le chagrin. »

Tout ce que j'avais traversé prenait maintenant un nouveau visage. Je réalisai que je n'avais commis aucune véritable erreur au cours de mon existence. Chaque tentative, aussi maladroite fût-elle, était un pas vers ma maturité. Tous les moments difficiles m'avaient permis d'accroître ma perception de moi-même et, au bout du compte, d'y échapper. Je constatai que je savais de mieux en mieux aider les autres. Je m'aperçus aussi qu'une bonne part de mes expériences avait été orchestrée par des anges gardiens. Certaines étaient tristes, quelques-unes étaient merveilleuses, mais toutes avaient été conçues dans le but de m'élever à un plus haut niveau d'entendement. Les anges gardiens m'accompagnaient dans mes tribulations et m'aidaient de toutes les manières possibles. Leur nombre variait selon mes besoins. La rétrospective de ma vie me démontra que j'avais souvent répété les mêmes fautes, les mêmes actes nuisibles, et que j'avais finalement retenu la leçon. Au fur et à mesure que j'apprenais, les portes qui débouchaient devant moi se multipliaient. Et elles étaient littéralement *ouvertes*. Beaucoup de choses que je pensais avoir entreprises seule avaient réussi grâce à l'intervention divine.

Cet examen de mon passé devint donc un plaisir, alors que je l'avais redouté au départ. Ma vision de moi-même était désormais différente. Mes péchés et mes défauts apparaissaient dans plusieurs dimensions. Oui, ils avaient fait mal aux autres autant qu'à moi-même, mais ils étaient les sources de mon enrichissement, et avaient corrigé ma façon de penser et mon comportement. A l'évidence, les fautes pardonnées sont expurgées. Elles sont comme voilées par le savoir, par le sens tout neuf conféré à la vie. Cela me mène à renoncer naturellement au péché. Bien que celui-ci soit effacé, les éléments éducatifs de l'expérience demeurent. Ainsi, le péché absous contribue à mon évolution et à l'amélioration de mes capacités d'aider mon prochain.

Ce que j'intégrai enfin m'offrit la perspective nécessaire à ma grâce. Et tout pardon commence par celui de soi-même. Si je suis incapable d'excuser mes errements, il me sera impossible d'en disculper les autres. Et je *dois* les pardonner. On reçoit ce que l'on donne. Si je veux être blanchie, je dois innocenter autrui. En outre, les attitudes que j'avais critiquées chez les autres — et que j'avais trouvées inadmissibles — étaient presque toujours celles que j'avais adoptées, ou craint de suivre. Je vivais sous la menace, et de l'image que les gens reflétaient de mes propres faiblesses, et de mes défaillances potentielles.

Je découvris combien la convoitise peut causer de dégâts. Le véritable développement est spirituel, et tout ce que l'homme a de matérialiste, comme le désir de possession et l'avidité, risque d'étouffer son esprit. Le matérialisme devient un culte et nous restons prisonniers de la chair. Nous perdons alors la liberté nécessaire pour mûrir et être heureux, ainsi que Dieu le souhaite.

On me répéta, non par des mots mais par la suggestion, que le plus important dans la vie consistait à aimer les autres comme moi-même. Mais, pour y parvenir, il fallait d'abord que je m'aime sincèrement. La beauté et la lumière du Christ étaient en moi — Il le voyait ! — et je devais maintenant y chercher cet amour. Je le fis comme si j'en avais reçu l'ordre, et je compris que j'avais privé mon cœur de l'affection authentique. Il me fallait lui redonner son éclat d'antan.

La rétrospective était terminée, et les hommes restaient immobiles, rayonnant d'un amour absolu pour moi. Le Sauveur était dans la lumière. Il souriait, ravi des progrès que j'avais accomplis. Après une nouvelle concertation, le conseil se tourna vers moi : « Tu n'as pas achevé ta mission sur Terre, conclurent-ils. Tu dois nous quitter. Mais nous ne t'y contraindrons pas ; c'est à toi de choisir. »

« Non, non ! Je ne peux pas redescendre. Ma place est parmi vous. Je me sens ici chez moi », protestai-je sans hésitation. Je tins bon, sachant que rien ne pourrait jamais me convaincre de regagner le monde d'ici-bas.

Un des hommes m'adressa la parole avec la même fermeté : « Ton œuvre n'est pas finie. Il vaut mieux que tu la poursuives. »

Je ne repartirai *pas*. J'avais appris toute jeune à gagner une bataille, et je fis usage de mon adresse. Je me jetai à terre et me mis à supplier. « Je n'y retournerai *pas*, et personne ne m'y obligera ! Ma place est ici et je n'en bougerai pas. J'en ai *assez* de la Terre ! »

Jésus se tenait à ma droite, non loin de moi, dans le feu de Sa lumière. Il s'avança, soucieux. Mais Sa préoccupation se mêlait à un certain amusement. Je lui donnais beaucoup de satisfaction. Il comprenait mon humeur, et je sentis qu'Il était touché par mon désir de rester. Je me levai, et Il s'adressa à l'assemblée : « Présentons-lui sa mission. » Puis Il m'expliqua : « Nous allons t'en énumérer tous les éléments afin que tu puisses décider en connaissance de cause. Mais en échange, tu devras te prononcer. Si tu réintègres la Terre, ce que nous allons te dire, et l'essentiel de ce que tu as vu ici, seront chassés de ta mémoire. »

J'acceptai à contrecœur, et écoutai attentivement l'exposé.

Je parvins à la conclusion que je devais rejoindre les miens. L'idée de renoncer à ce monde magnifique, où régnaient l'amour et la lumière, pour un univers de souffrance et de doute, me déplaisait au plus haut point, mais l'importance de ma charge m'y obligeait. J'obtins cependant de Jésus et des autres membres du conseil la promesse suivante : dès l'instant où je me serai acquittée de ma tâche, ils me rappelleraient à eux. Je n'avais pas l'intention de passer une minute de plus sur le sol terrestre. Ma vie était avec eux. Ils acceptèrent mes conditions, et l'on prit les dispositions nécessaires à mon retour.

Le Sauveur vint alors me confier qu'Il se félicitait de mon choix, et insista sur le fait que mon départ effacerait tout souvenir des termes de ma mission. « Tu ne devras pas réfléchir à la manière d'agir, précisa-t-Il. Tout adviendra en son temps. »

« Oh, Il me connaît si bien ! », pensai-je. Si ce dont j'étais chargée demeurait clairement inscrit dans ma tête, je l'exécuterai aussi rapidement, et sans doute aussi inefficacement que possible. Ce que m'annonça le Sauveur s'est confirmé. Les détails de mon rôle se sont envolés de ma mémoire. Il n'en reste plus la moindre trace et, étrangement, je n'ai aucun désir de les retrouver.

La promesse du Seigneur de revenir me chercher dès l'accomplissement de ma tâche retentit encore dans mes oreilles, tout comme Ses ultimes paroles : « Les jours de la Terre sont courts. Tu n'y feras pas un long séjour, et tu nous rejoindras. »

17

L'adieu

Soudain, des milliers d'anges m'entourèrent. Ils se montrèrent fort expansifs, et enchantés par ma décision de redescendre sur Terre. Ils m'acclamèrent et m'encouragèrent. Leur témoignage d'amour me fut d'un grand soutien.

Comme je les observais, émue par tant d'affection, ils entonnèrent une chanson. Rien de ce que j'avais jamais entendu, pas même la musique du jardin, n'était comparable à ce chœur. C'était majestueux, sublime, imposant, et tellement éloquent pour moi. J'étais bouleversée. Ils chantaient spontanément, et les paroles, à peine apprises, étaient mémorisées et senties dans l'instant. Leur voix était pure, et chaque note claire et douce. Je ne me souviens ni de la mélodie, ni du texte, mais on me promit que je pourrais encore l'écouter. Submergée par leur amour et leur musique céleste, j'éclatai en sanglots, ayant peine à croire qu'une âme aussi insignifiante que la mienne pût être l'objet de tant d'adoration. Mais personne n'est négligeable dans les éternités. Chacun revêt une valeur infinie. Gagnée par l'humilité et la gratitude, je vis la Terre une dernière fois.

Les cieux s'ouvrirent sur ses milliards d'habitants. Ils se démenaient pour exister, commettaient des erreurs, appréciaient la gentillesse, trouvaient l'amour, pleuraient la mort d'un proche, et les anges planaient au-dessus d'eux, les différenciant tous avec précision et les surveillant de près. Le bien les réjouissait, les égarements les attristaient. Ils rôdaient dans le but d'aider, de conseiller et de protéger. Je découvris que des milliers d'anges pouvaient accourir si nous sollicitions leur intervention avec foi. Nous sommes tous égaux à leurs yeux, grands ou petits, actifs et performants ou handicapés, décideurs ou serviteurs, saints ou pécheurs. Nous sommes tous précieux et soigneusement assistés. Leur amour ne nous abandonne jamais.

La planète disparut, et je regardai une dernière fois mes amis éternels, les deux femmes qui m'avaient guidée, mes trois anges serviteurs, et tous ceux que je connaissais et aimais. Ils étaient magnifiques, nobles et superbes, mais je n'avais fait qu'entrevoir leur âme. Je n'étais entrée que dans un étroit vestibule des cieux, dans une petite pièce de la maison paradisiaque, mais quel était mon privilège ! Un savoir supérieur à celui de mes rêves les plus fous existait ici comme dans le cœur de ceux qui y résidaient. Des projets, des parcours, des vérités nous attendent en ce monde, certains s'y égarent tandis que d'autres cherchent encore. Je n'ai eu qu'un aperçu des choses du Ciel, et j'en préserverai le souvenir comme un trésor. Je compris que le chant des anges, ce chant qui emplissait mon cœur d'amour, serait l'ultime spectacle parmi tous ceux, somptueux, qu'on m'avait offerts ici. Emue par leur affection et leurs encouragements, je laissai de chaudes larmes couler sur mes joues. Je rentrai chez moi.

18

Mon retour

Il n'y eut pas d'au revoir ; je me retrouvai simplement dans ma chambre d'hôpital. La porte était toujours mi-close, la lumière éclairait le lavabo, et mon corps gisait sous les couvertures. Je restai en suspension et l'observai. Il ne m'inspira que le dégoût. Il semblait comme gelé et lourd, et me fit l'effet d'un bleu de travail qu'on aurait traîné dans la boue et la crasse. C'était comme si j'avais pris une douche relaxante et devais enfiler ce vêtement pesant, glacé et fangeux. Mais il fallait le faire — je l'avais promis — et vite. Si j'hésitais encore une seconde, je perdrais courage et m'enfuirais. Instantanément, mon âme se glissa dans cette enveloppe. Désormais, mon engagement d'aller jusqu'au bout serait respecté à la manière d'un processus naturel sur lequel on ne possède aucun contrôle. Le poids et la froideur me répugnèrent. Je fus prise de convulsions, comme si un puissant courant électrique me traversait. Je ressentis à nouveau la douleur et la maladie de mon corps, et fus la proie d'un profond découragement. Après les joies de la liberté spirituelle, je redevenais prisonnière de la chair.

Le piège se referma, et mes trois vieux amis réapparurent près de mon lit. Mes chers moines, mes anges serviteurs, étaient là à seule fin de me réconforter. J'étais si faible que je me révélai incapable de les accueillir comme je l'aurais souhaité. Ils représentaient mon dernier lien avec la beauté et la pureté de l'au-delà, et je désirais de toutes mes forces leur tendre la main et les remercier de leur affectueuse et éternelle amitié. Je voulais dire encore une fois : « Je vous aime. » Mais je ne pus que les admirer au travers de mes larmes, et espérer qu'ils me comprendraient.

Les mots s'avérèrent inutiles ; ils saisirent tout. Et ils se tinrent en silence à mes côtés, rayonnant d'amour. Leur regard était perçant et m'insuffla un courage qui triompha de mes maux. Pendant quelques précieuses secondes, nous nous fixâmes et communiquâmes de cœur à cœur. Ils m'adressèrent un message que je garde comme une marque sacrée de notre immortelle affinité. Cet échange et leur présence me soulagèrent infiniment. Ils savaient non seulement ce que je ressentais, mais aussi quel chemin ma nouvelle vie allait emprunter, et combien je souffrirai de l'absence de leur amour, des frustrations de la vie terrestre et de la difficulté de mon parcours. Ils approuvaient ma décision d'être revenue. J'avais fait le bon choix. « Mais pour l'instant, proposèrent-ils, repose-toi un peu. » Ils causèrent en moi une sensation de calme et de sérénité. Elle me traversa, et je plongeai immédiatement dans un sommeil profond et apaisant. En y glissant, je perçus que la beauté et l'amour m'enveloppaient.

Je ne sais pas combien de temps je dormis. Il était deux heures du matin quand je rouvris les paupières. Quatre heures s'étaient écoulées depuis ma mort. Quelle avait été la durée de mon séjour au Paradis, je l'ignorais, mais quatre heures paraissaient très insuffisantes pour tout ce qui m'était arrivé. Au fait, était-on intervenu pour me réanimer ? Et quelqu'un avait-il constaté mon décès ?

J'étais maintenant bien reposée, mais je ne parvenais pourtant pas à me débarrasser de mon profond découragement. Je tentai de me remémorer mon expérience, et m'émerveillai de ma rencontre avec le Sauveur du monde. Il m'avait tenue dans Ses bras ! Je commençai à recouvrer la force en songeant au savoir que j'avais reçu en Sa présence. Sa lumière ne cesserait de me stimuler et de me réconforter dans les moments pénibles.

J'allais refermer les yeux et replonger dans le sommeil lorsque je distinguai un mouvement près de la porte. Je me redressai sur le coude pour identifier ce qui se passait, et je vis une sorte de « créature » qui glissait sa tête par l'entrebâillement. J'eus un sursaut d'effroi. Une deuxième apparut. Elles étaient hideuses et repoussantes. Cinq autres firent irruption dans la chambre à leur tour et me glacèrent d'horreur. Leur morphologie était mi-humaine, mi-animale. Elles étaient petites, musclées, possédaient des griffes ou des ongles très longs, et leur visage, d'apparence semblable à celui de tous les mortels, dénotait une réelle férocité. Elles s'approchèrent de moi en émettant un grognement et un sifflement inquiétants. La haine les habitait, et je devinai qu'elles avaient l'intention de me tuer. Je tentai de crier, mais je me sentais trop faible et l'angoisse me pétrifiait. Elles furent bientôt à moins de deux mètres de mon lit, et je m'avérais incapable de stopper leur progression.

Soudain, un immense dôme de lumière, pareil à du verre, me tomba dessus. Les « créatures » semblèrent reconnaître cette coupole protectrice et se lancèrent à son assaut. Puis elle tentèrent de l'escalader afin de trouver son point faible. Mais leur effort fut vain, et elle enragèrent. Elles hurlèrent, maudirent, sifflèrent et se mirent à cracher. Clouée dans mon lit, la terreur me tenaillait. Les « créatures » s'obstinaient, et je me demandais si le dôme serait assez solide pour résister. Je ne savais même pas ce qu'il était en réalité.

A l'instant où je pensais ne plus pouvoir supporter cette situation et où la peur s'apprêtait à me submerger, mes trois anges dévoués, les moines, se présentèrent à nouveau, et les « créatures » s'enfuirent. Ils m'assurèrent que je n'avais rien à craindre, car je bénéficiais de leur secours, et m'informèrent que le Diable était furieux de ma décision de revenir sur Terre. Il avait envoyé ces dangereux démons pour m'exterminer. Ceux-ci tenteraient encore de s'en prendre à moi, et je les verrai ou les entendrai à maintes reprises, mais le dôme continuerait de me préserver tout au long de ma vie. « Sache aussi, me précisèrent les moines, que nous sommes toujours près de toi pour t'aider et t'encourager. » Quelques instants plus tard, à mon grand regret, ils disparurent.

Ce fut ma dernière rencontre avec mes trois anges serviteurs. Je les appelle affectueusement mes moines, mais je sais qu'ils sont trois des êtres les plus proches de moi dans l'éternité. J'attends, le cœur impatient, le jour où nous pourrons à nouveau nous étreindre et célébrer notre amitié éternelle.

Les démons revinrent après leur départ, mais le dôme les tint à distance. Je saisis le téléphone et appelai mon mari. Quand je lui expliquai que des démons avaient envahi ma chambre, il pensa que j'étais victime d'hallucinations, et chargea une de mes filles de me parler, le temps pour lui de gagner l'hôpital le plus rapidement possible. Dix minutes plus tard, il était auprès de moi. Ne voyant pas les « créatures », il s'assit au bord du lit et, ma main dans la sienne, je tentai de l'informer de ce qui se passait. Très vite, les monstres se lassèrent et s'esquivèrent, pour me laisser tranquille le reste de la nuit. J'en fus soulagée et retrouvai le calme. J'essayai alors d'évoquer l'expérience de ma mort à mon mari. Je n'entrai pas encore dans les détails, mais il devina qu'une chose remarquable m'était arrivée, et il fit preuve d'amour, d'intérêt et de compréhension. Les anges s'en étaient allés, c'est vrai, mais Joe était là pour me rassurer et me protéger. Son amour n'atteignait certes pas le pouvoir de celui des anges et du Christ, mais il était néanmoins magnifique et réconfortant. L'amour que nous partageons en tant que mortels est peut-être parfois imparfait, mais il n'en garde pas moins la force d'apaiser et de soutenir.

Tandis que Joe me tenait compagnie, mon âme se promena entre les deux mondes, comme si mon retour ici-bas n'était pas définitif. Je me souviens que des médecins et des infirmières s'occupèrent de moi ; je ne sus pas ce qu'ils faisaient, ni combien de temps ils restèrent, mais je sentis l'intensité et l'ardeur de leurs efforts. Cela ne m'empêcha pas de glisser dans l'univers de l'âme et de découvrir une multitude de choses merveilleuses, issues aussi bien de ce monde que de l'autre. Puis je vécus une nouvelle aventure qui ne fut pas une vision mais une visite.

Une belle petite fille entra dans la chambre. Elle n'avait que deux ou trois ans, et fut la seule âme d'enfant que je rencontrai. Un halo doré émanait d'elle et illuminait tout ce qu'elle approchait. Joe parut l'attirer. Pendant que le personnel médical s'était absenté, je lui demandai s'il la voyait. Sa réponse fut négative. Marchant quasiment sur les pointes, comme si elle dansait, elle avait la grâce d'une ballerine. Sa spontanéité et son enthousiasme me frappèrent immédiatement. Elle se dirigea vers Joe, monta sur le bout de sa chaussure, trouva l'équilibre sur un pied et lança son autre jambe en arrière à la manière d'un petit rat, puis se pencha en avant jusqu'à ce que son pied touche la poche du pantalon de Joe. Cette figure me fascina. Je l'interrogeai sur la raison de son geste. Elle se tourna et émit un rire espiègle. Elle m'avait donc entendue, mais elle ne me répondit pas. Elle était profondément heureuse et respirait une joie pure et exubérante. Puis, elle s'effaça, mais j'eus la certitude que je ne l'oublierai jamais.

Au cours des quelques heures qui suivirent, des infirmières et des médecins s'affairèrent à mon chevet pour s'assurer de mon état. Ils me prêtèrent infiniment plus d'attention qu'ils ne m'en avaient prodiguée la nuit précédente, et pourtant ni Joe ni moi ne leur fîmes part de mon aventure. Le lendemain matin, un des docteurs m'interrogea : « La nuit dernière a été critique pour vous. J'aimerais savoir ce que vous avez éprouvé ? » Je n'eus pas envie de lui dévoiler la vérité, et lui racontai que j'avais été sujette à de terribles cauchemars. Je découvris qu'il m'était difficile d'évoquer mon voyage dans l'au-delà, et il ne me fallut pas longtemps pour m'apercevoir que je ne voulais pas en dire davantage à mon mari. Les mots semblaient édulcorer la puissance de l'événement. L'expérience était sacrée. Quelques semaines s'écoulèrent, et j'en fis un récit plus détaillé à Joe et à nos enfants en âge de comprendre. Ils m'apportèrent leur soutien immédiat, dissipant ainsi ma crainte de rapporter à ma famille ce qui s'était passé. La vie m'offrit par la suite de nombreuses occasions d'apprendre et de progresser. En fait, les quelques années à venir seraient les plus tourmentées de mon existence.

19

Mon rétablissement

Je tombai dans une profonde dépression. Il m'était impossible d'oublier la beauté et la paix de l'univers de l'âme, et je ne pensais qu'à y retourner. Le monde s'agitant autour de moi, je me mis à redouter la vie, et même à la détester par moments. Je priais pour mourir et suppliais Dieu de me rappeler auprès de Lui. Par pitié, il fallait qu'Il me libère de cette existence et de cette mystérieuse mission. Je devins agoraphobe. Sortir de chez moi me terrifiait. Je me souviens de ces jours où, le nez collé à la fenêtre, je cherchais le courage d'aller ouvrir la boîte à lettres. Je sombrais en moi-même, périssais à petit feu et, en dépit du formidable soutien de Joe et des enfants, m'éloignais doucement d'eux.

Ce fut finalement l'amour pour ma famille qui me sauva. Je réalisai l'injustice que je leur faisais subir en m'apitoyant sur mon propre sort. Je *devais* à nouveau participer, m'impliquer, oublier le monde de l'âme, et aller de l'avant. Je me forçai à quitter la maison et m'investis peu à peu dans les activités des enfants — le travail scolaire, les œuvres charitables, le catéchisme, le camping, les projets de vacances, etc. Cela ne s'opéra pas du jour au lendemain, mais je repris goût à l'existence. Si mon cœur resta proche de l'univers de l'âme, ma passion pour ce qui se passait ici-bas redémarra et atteignit une intensité sans pareille.

Cinq ans après mon expérience de la mort, je voulus retourner à l'hôpital afin d'apprendre ce qui, cette fameuse nuit, s'était produit au point de vue physique. Jusqu'alors, les médecins ne m'en avaient rien dit, et je n'avais moi-même jamais abordé le sujet. J'avais raconté mon aventure à quelques amies qui m'avaient toutes demandé : « Mais est-ce que les *chirurgiens* savent que tu étais morte ? » Je n'avais pas besoin de leur confirmation pour m'assurer que je l'avais été — Jésus en personne me l'avait annoncé — mais mes proches désiraient un supplément d'information. Je fixai un rendez-vous avec le praticien qui m'avait opérée, et me rendis à son cabinet. Les patients se bousculaient dans la salle d'attente ; l'infirmière s'excusait du retard énorme qui bouleversait tout son planning. J'étais confuse de lui faire perdre un temps précieux — toutes ces personnes avaient certainement un besoin plus urgent que moi de s'entretenir avec lui. J'attendis quand même, et il me reçut.

Dès mon entrée, il me reconnut et m'invita à lui confier ce qu'il pouvait faire pour moi. Je lui remémorai mon intervention. Il s'en souvenait. Je lui déclarai alors que je voulais connaître la vérité sur les complications survenues la nuit suivante. Il s'inquiéta des raisons qui me poussaient à obtenir un tel renseignement, ce à quoi je répondis en évoquant le récit partiel de ce que j'avais vécu. Quarante-cinq minutes s'écoulèrent. La salle d'attente était bondée, mais cela lui était égal. Je conclus en précisant que je n'avais aucune intention de le poursuivre en justice ; je désirais simplement comprendre pourquoi les suites opératoires avaient été hasardeuses — il m'importait de le savoir. Sans un mot, il se leva et fouilla dans son fichier. Quand il revint s'asseoir, des larmes coulaient de ses yeux. Oui, me confirma-t-il, il y avait eu des problèmes ce soir-là ; ils *m'avaient perdue* un moment, mais avaient jugé préférable de ne pas me l'avouer. Puis il m'informa des événements. Une hémorragie s'était déclenchée durant l'opération, et le sang s'était remis à couler plus tard dans la nuit. Ma mort était survenue alors que les infirmières, au moment de leur relève, m'avaient laissée sans surveillance, elles ignoraient donc depuis combien de temps j'étais décédée. Le personnel employa tous les moyens pour me sauver : injections, médicaments supplémentaires et intraveineuses jusqu'en fin de matinée. Je fus heureuse d'apprendre que le docteur et l'équipe médicale avaient tenté l'impossible et concentré tous leurs efforts pour me sortir du coma.

J'interrogeai le chirurgien au sujet de ses pleurs, et il m'avoua qu'il s'agissait des larmes du bonheur. Il avait récemment perdu un être cher, et mon récit lui redonnait espoir. Ma rencontre avec un monde au-delà du nôtre le consolait. Il se souvenait aussi d'une expérience semblable dont un autre patient lui avait parlé quelques années auparavant, et qui se rapprochait de la mienne par une foule de détails. Il était soulagé de savoir que le trépas ne mettait pas fin à l'existence, et que nous reverrions les membres de notre famille. Je lui assurai qu'il y avait fort à croire qu'une vie merveilleuse nous attendait après celle-ci — une vie bien plus belle que nous ne pouvions l'imaginer.

Après avoir quitté son cabinet, je me sentis libérée. Je pourrai offrir l'histoire de ma mort physique à la postérité. Et je pourrai avouer aux gens de cette Terre l'incroyable vérité : j'étais effectivement décédée, et j'étais revenue.

20

Mon ange bien-aimé

L'année suivante, et six ans après mon expérience, ma sœur Dorothy me conta une étrange histoire. Une femme attendait un bébé qu'on lui retirerait dès la naissance, car elle et son conjoint étaient alcooliques. Un autre de leurs enfants avait d'ailleurs été adopté pour la même raison. Malheureusement, la famille à qui on l'avait confié s'avérait désormais trop nombreuse, et ne pouvait en assumer davantage. Comme le bébé était de nationalité américaine, ils désiraient qu'il soit accueilli par un couple de souche non étrangère et qui leur serait apparenté de façon plus ou moins proche.

Dorothy me savait déprimée depuis quelque temps et pensait qu'un autre petit — ce serait mon huitième — me procurerait une activité propice à mon rétablissement. Il lui fallait quelqu'un pour s'en occuper pendant deux mois. J'en discutai avec Joe et les enfants, et, malgré ma récente inscription à l'Université communautaire [1] afin d'obtenir un diplôme, je jugeai la proposition intéressante. Ma fille Cheryl était enceinte et promettait de venir m'aider tous les

1. Etablissement destiné aux membres d'une communauté, et souvent géré par elle, dispensant généralement un enseignement professionnel. (N. d. T.)

jours. Ainsi, elle s'entraînerait au métier de jeune maman. Quant à Joe, cela ne le dérangeait pas d'endosser une nouvelle fois ce genre de responsabilités — notre cadet avait douze ans. Je donnai donc mon accord, et le jour où l'assistante sociale arriva avec le nourrisson, il s'agissait d'une fille, tout était prêt ; nous avions ressorti le vieux berceau et divers objets que nous réservions à nos petits-enfants et qui avaient servi à leurs parents des années auparavant. Je la pris immédiatement en affection et tissai un lien qui, à coup sûr, serait difficile à rompre. La perspective de notre séparation imminente ne me quittait jamais, mais ce qu'affirmait ma conscience, mon cœur le niait.

Le tribunal ne parvenait pas à trouver un foyer d'accueil dans la proche famille de l'enfant. Deux mois s'écoulèrent. Cheryl avait à son tour accouché et j'allais chez elle aussi souvent que possible avec ma petite dernière.

Elle était gaie, vive, et demandait toujours que je la serre dans mes bras. Quand elle était souffrante ou cherchait quelque consolation, elle enfouissait son visage dans mon cou pour trouver la caresse de mon haleine. Il n'y avait rien de tel pour l'apaiser. Evidemment, Joe et tous nos enfants l'adoraient. Le matin, nos deux plus jeunes garçons, âgés de douze et quatorze ans, l'arrachaient de son lit et l'entraînaient dans la salle de jeu.

Elle fit ses premiers pas à dix mois. Sa peau d'olive était aussi saine et resplendissante que celle de n'importe quel bébé. Je l'enduisais chaque jour de lotion jusqu'à ce qu'elle soit douce comme la soie, et, du lever au coucher, j'en respirais l'odeur avec délectation. Mon amour qui, mois après mois, grandit pour elle, devint si intense que j'en oubliai que je n'étais pas sa mère naturelle.

Elle était âgée de dix mois et demi quand l'assistante sociale me téléphona pour m'annoncer que l'on avait choisi des parents adoptifs dans un autre Etat. Il était entendu qu'ils passeraient la prendre dans quelques jours. Cela me choqua profondément. Joe et moi, nous nous étions fermement engagés à ne pas postuler son adoption, et maintenant j'étais désespérée. Nous savions depuis le début qu'elle ne pourrait pas être à nous, mais, à la suite de cette information, j'atteignis le point culminant de l'agonie maternelle. J'allais perdre « ma » petite.

J'empaquetai ses vêtements dans un état de torpeur indescriptible. Quand on me parlait, je n'entendais rien. Les questions se bousculaient dans ma tête, et je cherchais des réponses qui n'existaient pas. Je n'aurais jamais cru que je m'attacherais à ce point — que j'éprouverais autant d'amour. Comment cela s'était-il produit ? Où ma force s'en allait-elle ?

Quand les nouveaux parents arrivèrent, je la conduisis jusqu'à leur voiture. D'abord, elle pensa que *nous* allions quelque part et s'amusa à fouiner dans le véhicule, tout en disant « au r'voir » à Joe et aux enfants qui étaient dans le même état d'apathie que le mien. Le couple adoptif resta dans l'automobile en silence. Je leur en fus reconnaissante. Personne, en effet, n'aurait pu trouver les mots pour me consoler. Quand la femme prit le bébé dans ses bras, mon cœur fit un bond et ma gorge se serra. J'éprouvai l'envie de m'enfuir avec elle, de courir et de ne jamais m'arrêter ; mais mes jambes se dérobèrent sous moi. Elles étaient faibles et tremblantes.

Ce fut alors que l'enfant réalisa qu'on l'arrachait à nous, et elle se mit à pleurer. J'en eus l'âme déchirée. Je regardai, immobile, la voiture s'éloigner. La vision de ma précieuse petite fille sanglotant et tendant les bras vers moi me rongea le cœur. Je m'effondrai et me précipitai dans la maison, avec cette image indélébile en moi, comme marquée au fer rouge. Elle allait me hanter pendant plusieurs mois.

Tout la rappelait à mon souvenir — le piano face auquel elle aimait tant s'asseoir et faire semblant d'être maman, le parc encombré de jouets, le berceau où traînait un biberon vide. Et plus que tout, le silence.

Au bout de trois mois, cela devint insupportable, et je me mis à implorer le Seigneur de me la ramener. Tout était gravé dans ma mémoire, trop frais, trop récent, la plaie ne pouvait cicatriser. Personne ne parlait d'elle, mais je savais que la famille entière souffrait ; elle nous manquait à tous. Une nuit, l'âme brisée par la conscience qu'elle ne reviendrait pas, je priai pour la famille à qui on l'avait confiée. Je suppliai notre Père de les bénir afin qu'ils la rendent heureuse. Je L'adjurai de tout mettre en œuvre pour qu'elle accepte son nouveau milieu, et trouve la paix de l'esprit et le bonheur. Je me recueillis, songeant à ce couple et à sa précieuse petite fille. Puis, sentant que le Seigneur m'avait entendue, je me laissai glisser dans le sommeil.

Cette même nuit, un messager qui se tenait près de mon lit me réveilla. Je compris qu'il arrivait du monde de l'âme. D'après lui, « mon » enfant n'était pas bien dans son foyer d'adoption, et elle me serait rendue. Il précisa que je recevrai un coup de téléphone et que le correspondant dirait : « J'ai de bonnes et de mauvaises nouvelles. » Il me fut impossible de me rendormir.

Pendant deux semaines, je ne quittai pas la maison. Je guettais le fameux appel et je me précipitais sur le combiné à chaque fois qu'il sonnait. Je parlai à Dorothy de l'envoyé divin, mais ne pus me résoudre à informer les autres de son apparition, pas même Joe. J'avais le sentiment d'avoir suffisamment éprouvé leur patience. Même Dorothy se montrait sceptique.

Un matin, très tôt, je décrochai le téléphone, et une voix

m'annonça sans détour : « Betty, c'est Ellen. J'ai de bonnes et de mauvaises nouvelles. » Je me redressai et criai : « Attends ! Attends une minute ! » Dans mon sommeil interrompu, je croyais à un rêve. Je me traînai hors du lit et me regardai dans le miroir pour m'assurer que j'étais bien éveillée, puis je saisis le combiné et déclarai : « Voilà, je t'écoute. » Mon cœur battait si fort la chamade que mes tympans en vibraient. La voix poursuivit pour expliquer que mon bébé était à l'hôpital. « Elle ne s'adaptait pas à sa nouvelle famille, et elle n'arrêtait pas de pleurer. Tu as été sa maman pendant dix mois et elle te réclamait désespérément. »

Ellen m'apprit ensuite que ses lamentations continuelles déclenchaient la colère du couple. Un jour, excités par l'alcool, ils la poussèrent dans les escaliers. Elle fut emmenée et abandonnée à l'hôpital, où son état demeura critique deux semaines durant. Son organisme ne réagissait même plus aux traitements. Les médecins diagnostiquaient qu'elle se sortirait difficilement d'un tel choc émotionnel. « Betty, conclut-elle, tu es notre dernier espoir. Nous savons que c'est beaucoup te demander, mais pourrais-tu la reprendre un moment, au moins le temps qu'elle se rétablisse ? »

Je me sentis défaillir, et je me mis à suffoquer : « Je peux te rappeler tout de suite ? », demandai-je, et je reposai le combiné. Il était sept heures et demi, et Joe était déjà parti à son travail. Je courus vers les escaliers et criai aux enfants que je venais de recevoir des nouvelles bouleversantes. Mais je ne pus en dire davantage. Ma gorge se serra et les mots n'arrivèrent pas jusqu'à mes lèvres. Toute ma petite famille se dirigea avec moi vers le téléphone et m'écouta raconter à Joe ce qui était arrivé. Il m'assura qu'il rentrait immédiatement. Sa voix était plus posée que la mienne, et, grâce à lui je retrouvai mon calme. Je me sentis revivre un peu, c'est alors que je réalisai que je n'avais pas donné de réponse à Ellen — dans mon énervement, je lui avais pratiquement raccroché au nez. Je composai son numéro, agitée par la panique à l'idée d'un malentendu. Et si tout s'avérait faux ? Elle parla et j'exigeai qu'elle répète mot pour mot ses déclarations. Elle se conforma à mon souhait en ajoutant qu'elle s'apprêtait à prendre l'avion pour la ville où se trouvait l'enfant. Je lui proposai de l'accompagner, mais elle jugea cette démarche inopportune — et pensa qu'il était de loin préférable que j'attende chez moi. Mais comme je savais où l'on soignait le bébé, j'appelai immédiatement l'agence de voyage et m'arrangeai pour être sur le même vol qu'Ellen. Je lui téléphonai une seconde fois pour lui faire part de ma décision. A contre-cœur, elle promit de me rejoindre à l'aéroport. Un employé nous accueillerait dès notre arrivée, avec la petite. Le voyage me parut bien trop long à mon gré. Aussitôt atterrie, je me précipitai dans le terminal et cherchai mon bébé dans la foule.

Je savais qu'il s'agissait d'un homme, mais j'ignorais à quoi il ressemblait, aussi je tentai d'en apercevoir un en compagnie d'un enfant. Je n'y parvins pas, et mon exaltation atteignit son comble. J'étais capable de reconnaître mon bébé au premier coup d'œil, alors pourquoi ne le voyais-je pas ? Je les découvris enfin au loin, mais la petite paraissait avoir changé. Pourtant, *j'étais sûre* que c'était elle. « C'est ma fille ! », hurlai-je en accourant et en l'arrachant des bras de l'homme.

Elle était presque chauve, si l'on ne tenait pas compte des quelques mèches éparses de cheveux qui se dressaient çà et là sur son crâne. Ses paupières étaient gonflées, et elle avait une arcade sourcilière fendue et bleue. Elle m'identifia immédiatement et m'étreignit de toutes ses forces, m'entourant de ses bras et de ses petites jambes. « Qu'est-ce qu'ils ont fait ? Qu'est-ce qu'ils t'ont fait ? », me révoltai-je. L'accompagnateur fut surpris par cette femme étrange et éplorée qui lui avait arraché l'enfant. Ellen nous rejoignit et lui expliqua que tout allait bien, que j'étais la mère.

Ma famille au grand complet attendait notre retour avec impatience. Leurs yeux s'emplirent de larmes et brillèrent d'émotion quand ils virent le trésor que je tenais contre mon cœur. Son regard croisa le leur, et, quand toutes ces mains se tendirent, elle voulut les embrasser à tour de rôle. Mais elle ne resta qu'un instant avec chacun, car entre chaque enlacement, elle éprouvait le besoin de se blottir contre moi. Elle s'accrocha à mon être comme si sa vie en dépendait.

Durant quelques mois, elle ne supportait pas que je sorte de son champ de vision. Nous nous rendîmes compte du mal qu'on lui avait infligé et des meurtrissures qui avaient affecté ses délicates émotions. Elle ne parlait à personne, refusait de marcher, et son visage était dépourvu d'expression. Les seuls moments où elle émettait un son, c'était quand je la quittais. Elle pleurait alors jusqu'à mon retour. Finalement, je décidai de l'envelopper dans une serviette nouée autour de mon corps, à la façon des mères africaines, afin de pouvoir travailler dans la maison sans pour autant la laisser seule. Nous passâmes ainsi plusieurs mois liées l'une à l'autre. J'installai son berceau près de mon lit et me couchai tôt tous les soirs, car elle était incapable de s'endormir si je n'étais pas près d'elle. Dans un premier temps, je collai son berceau à mon lit et glissai le bras entre les barreaux pour lui tenir la main jusqu'à ce qu'elle trouve le sommeil. Jour après jour, semaine après semaine, je l'éloignai un peu chaque soir, jusqu'à ce qu'enfin elle parvienne à dormir toute seule à l'autre bout de la chambre.

Joe et moi avions immédiatement engagé un avocat pour entamer une procédure d'adoption. Nous l'avions aussi conduite à l'hôpital pour la faire examiner, et monter le dossier de tous les sévices qu'elle avait subis. Nous découvrîmes, outre les coupures et les bleus apparents, qu'elle avait été victime d'une fracture du bras, qu'elle avait souffert de déshydratation, de carence alimentaire, et que son cuir chevelu demeurait très douloureux aux endroits où on lui avait arraché des cheveux par touffes. On ne pouvait formuler que des hypothèses quant à son état mental, mais son acharnement à s'agripper à moi et son rejet des autres révélaient une profonde méfiance. Le médecin conclut que sa santé dépendrait de la stabilité et de la continuité de la vie familiale qu'elle avait retrouvées auprès de nous.

Le tribunal reconsidéra la question et admit l'évidence. Il ne tarderait pas à prononcer sa sentence : elle était notre fille. Joe voulut changer son prénom afin de lui donner le plus précieux qu'il connaissait. Je me montrai réticente à ce sujet, mais toute la famille rejeta mon objection. Ils ne pouvaient pas fermer les yeux sur l'harmonie de nos personnalités, et sur le lien indestructible qui nous attachait à elle ; son état civil devint donc Betty Jean, à l'instar de sa nouvelle maman.

A deux ans et demi, la petite Betty avait recouvré sa santé physique et émotionnelle. Elle se révéla alors la plus adorable et la plus enjouée des enfants de la maison. Sa vivacité, son sens de l'humour, nous surprenaient de jour en jour. Une après-midi, elle se dirigea vers Joe. Un sourire espiègle se dessina sur son visage, elle se dressa sur la pointe de sa chaussure, lança son autre pied derrière elle et, en équilibre comme une ballerine, l'enfouit dans la poche de son pantalon. Un frisson me parcourut à l'instant où mes souvenirs resurgirent. La petite Betty éclata de rire, et j'entendis la voix d'une fillette rencontrée des années auparavant, et qui nous avait tenu compagnie dans une chambre d'hôpital quand le Ciel et la Terre semblaient unis. Alors, je vis et compris davantage. L'image d'une jeune femme me revint, la mémoire d'une âme belle et débordante d'énergie qui avait attendu son heure pour descendre sur notre planète. Je me la rappelai comme l'âme juvénile à laquelle j'avais été jadis liée, celle du monde immatériel dont le charme et le dynamisme m'avaient captivée. Quand je redécouvris tous les traits de cet ange si précieux, j'eus envie de pleurer. Il m'avait été permis de la connaître enfant — âme d'enfant. Je savais maintenant pourquoi on me l'avait montrée comme adulte se préparant à l'existence mortelle. Je saisis également que, mon hystérectomie m'empêchant de lui donner naissance par les voies naturelles, elle avait trouvé un autre moyen de s'intégrer à ma vie. Et les raisons qui m'avaient poussée à l'accueillir dès son tout jeune âge se révélaient évidentes. Nous étions pour toujours les meilleures amies, des éternités à vivre derrière nous, et devant nous.

Ma famille a grandi depuis ces événements, et la plupart de mes enfants ont quitté la maison. Ils ont fondé leur propre foyer et se sont engagés sur les chemins de leur épanouissement. Joe et moi essayons toujours de les aider à traverser les moments difficiles, mais nous sommes conscients que nous ne pouvons pas vivre leur vie, et nous ne le souhaiterions d'ailleurs pas. Nous comprenons qu'ils sont comme nous des êtres issus des cieux, et qu'ils sont venus pour une expérience terrestre. Nous serions incapables d'annihiler leur chagrin, comme il nous est impossible de décider de leurs joies. Nous nous contentons de jouer notre rôle familial. Notre seule ressource, c'est *l'amour*.

D'autres aventures me sont arrivées depuis le 18 novembre 1973, mais je ne désire pas les partager ici ; il m'a fallu dix-neuf ans et une multitude d'encouragements pour réussir à écrire ce livre. Tout vient en son temps ; pour cet ouvrage, c'est maintenant.

Je me suis parfois demandée en quoi consistait ma mission, mais bien sûr, je n'ai eu aucune inspiration et n'ai reçu aucune réponse. J'ai simplement été marquée de vivre dans la lumière de Jésus-Christ et d'accepter chaque jour que Son amour rythme mon existence. C'est ainsi, je pense, que je trouverai le talent d'entreprendre tout ce qu'Il me suggérera.

Nous devons nous aimer les uns les autres. Je le sais. Il faut nous montrer bons, tolérants, généreux et serviables. Il est évident que c'est grâce à l'amour que nous connaîtrons l'immensité du bonheur. J'ai vu ses sublimes et merveilleuses récompenses. Les détails de mon expérience n'importent que dans la mesure où ils nous conduisent à donner encore et toujours plus d'amour. Tout le reste en découle. Ce n'est qu'une question de fidélité au message que le Sauveur m'a clairement transmis : « Avant tout, aimez-vous les uns les autres. »

Je m'y efforcerai tout au long de ma vie.

REMERCIEMENTS

J'exprime ma reconnaissance et mon amour les plus profonds à mon mari. Sans sa foi en moi et son attachement, ce livre aurait été presque impossible à écrire. Il s'est chargé de la plupart des questions informatiques, tout en me prodiguant patiemment des cours intensifs. Puis, oubliant son ego, il a donné forme à mon manuscrit. Il dînait sur le pouce, et faisait des heures supplémentaires, me permettant ainsi de consacrer tout mon temps au clavier. Je t'aime, mon chéri. Merci !

J'adresse mon affection et ma gratitude à ma chère amie Nancy Carlisle, dont le cœur déborde d'amour, non seulement pour notre Sauveur mais aussi pour tous ceux qu'elle rencontre sur son chemin. Nancy m'a appris à exprimer plus librement ma compassion. Elle m'a montré son dévouement envers les autres en passant des heures innombrables à m'accompagner aux conférences, écoutant à maintes reprises l'histoire de mon expérience, et ne s'en lassant jamais, m'encourageant systématiquement à en faire davantage. Nancy fut la première qui m'aida à jeter les bases de ce livre, en 1987. La confiance qu'elle m'a accordée n'a jamais faibli lorsque j'ai abandonné ces tentatives encore maladroites pour m'occuper de mon père malade, et qui mourut en juillet 1991.

Je suis infiniment redevable à Jane Barfuss qui, après avoir assisté à trois de mes conférences, a rédigé un récit de mon expérience au seuil de la mort intitulé : *Le Monde de l'âme*. Ces notes ont littéralement fait le tour de la Terre. En conséquence directe du travail de Jane, j'ai rencontré une foule de gens formidables qui m'ont stimulée afin que je parachève cet ouvrage — et que j'y consigne les moindres détails.

Je tiens enfin à féliciter Curtis Taylor, écrivain et directeur de collection chez mon éditeur, Gold Leaf Press. Sans son immense talent et son extraordinaire sensibilité, ce livre n'existerait pas tel que vous l'avez lu.

Betty J. Eadie.

TABLE DES MATIÈRES

CHEZ LE MÊME ÉDITEUR

ROMANS

Paul Guth.
Quarante contre un.
119 F.

Yves Jacob.
Soleils gris.
109 F.

Philippe de Baleine.
Seigneur pourquoi m'as-tu abandonné ?
109 F.

Denise François.
L'Auberge du grand balcon.
119 F.
Les Révoltés de Montfaucon.
129 F.

Pierre Lance.
Le Premier Président.
140 F.

HUMOUR-HISTOIRES DRÔLES

Richard Balducci.
Le Café des veuves.
119 F.

Laurence Boccolini.
Scènes de mariages.
89 F.

Thierry Crosson en collaboration avec Jean-Christophe Florentin.
Le Guide de l'emmerdeur au travail.
99 F.
Le Guide de l'emmerdeur en vacances.
99 F.

Jean-Christophe Florentin.
Guide con et inutile pour briller en société.
99 F.

Jean-Marc Richard.
Dictionnaire des expressions paillardes et libertines de la littérature française.
129 F.

AVENTURES-RÉCITS VÉCUS-TÉMOIGNAGES-DOCUMENTS

Philippe de Baleine.
Nouveau voyage sur le petit train de la brousse.
95 F.
Voyage espiègle et romanesque sur le petit train du Congo.
109 F.
Le Petit Train des cacahuètes.
119 F.

Michel Bagnaud.
Profession : inventeur de trésors.
99 F.

Joe Galland.
Torpeurs.
99 F.

Patrice Franceschi.
Chasseur d'horizons.
275 F. (Album relié).

Francis Cucchi.
La Route du pavot
119 F.

Jean-Pierre Imbrohoris.
Démences meurtrières.
99 F.

Jean-Louis Degaudenzi.
Les Enfants de la haine.
99 F.

Guy Doly-Linaudière.
L'Imposture algérienne.
99 F.

Anne Montel-Girod.
Itinéraire d'un amour.
85 F.

Gérard de Villiers.
Mes carnets de grand reporter.
99 F.

Jean-Noël Liaut.
Modèles et mannequins (1945-1965).
129 F.

ÉSOTÉRISME

Julia Pancrazi, Mme De Soria.
La Voyance en héritage.
109 F.

Richard Balducci.
La Vie fabuleuse de Nostradamus.
119 F.

Vlaicu Ionescu, Marie-Thérèse de Brosses.
Les Dernières Victoires de Nostradamus.
119 F.

Elisabeth et Jean-Claude Zana.
Les Stars racontent l'étrange.
109 F.

RELIGIONS-SPIRITUALITÉ

Nicolas Pigasse.
Croient-ils tous au même dieu?
110 F.

Lino Sardos Albertini.
L'Au-delà existe.
119 F.
Au-delà de la foi.
119 F.
Indices et preuves de l'existence de l'Au-delà.
119 F.

Pierre Jovanovic.
Enquête sur l'existence des anges gardiens.
129 F.

Jackie Landreaux-Valabrègue.
Les Scientifiques à la recherche de Dieu.
119 F.

Dante Vacchi, Anne Vuylsteke.
Les Jésuites en liberté.
320 F. (Album relié).

John J. McNeill.
Les Exclus de l'Église.
119 F.

Jean-Claude Duluc.
Anthologie des miracles et des mystifications à travers 50 siècles de spiritualité.
119 F.

GUIDES PRATIQUES-SANTÉ

Docteur Marc B. Ganem.
La Sexualité du couple pendant la grossesse.
99 F.

Docteur David Elia, docteur Jacques Waynberg.
Guide pratique de la vie du couple.
189 F. (Album relié).

Jean-Claude Duluc.
Docteur est-ce une erreur ?
99 F.

Jean-Louis Degaudenzi.
Le Secret de votre groupe sanguin.
99 F.

Janet L. Wolfe.
Monsieur a sa migraine.
109 F.

Docteur Claude Chauchard, Véronique Blocquaux, Jacques Chenu.
Retraité ? Moi, jamais !
109 F.

Jacques de Schryver.
La Revanche du cancre.
119 F.

Betty de Brouhan, Yvan Katz.
Guide Smoby à l'usage des familles.
99 F.

Xavier Maniguet.
Naufragés. Comment survivre en mer.
99 F.

BEAUX LIVRES (DIVERS)

Roger Thérond, Jean-Charles Tacchella.
Les Années éblouissantes. Le cinéma qu'on aime : 1945-1952.
295 F.

Stars, les Incontournables.
275 F.

Miguel Alcala.
Le Flamenco et les gitans.
175 F.

Johnny Hallyday.
Le Dernier Rebelle.
175 F.

Gilles Lhote.
Le Cuir des héros.
199 F.
Cows-boys des nuages.
220 F.
La Légende Harley-Davidson.
240 F.

MUSIQUE (DIVERS)

Opéras, les Incontournables.
249 F. (Album relié).

Rock'n'roll, les Incontournables.
249 F. (Album relié).

Jazz, les Incontournables.
249 F. (Album relié).

Les Années Jazz Magazine : 40 ans de passion.
320 F. (Album relié).

Geoffrey Smith.
Stéphane Grappelli.
115 F.

Luigi Viva.
Pat Metheny.
149 F.

Jim Haskins.
Ella Fitzgerald.
119 F.

Albert Murray.
Good Morning Blues, Count Basie.
149 F.

Herman Leonard.
L'Œil du jazz.
270 F. (Album relié).

Fabrice Zammarchi.
Sidney Bechet.
249 F. (Album relié).

ART

Edouard Jaguer.
Richard Oelze.
199 F.

Jean Toulet.
Georges Leroux.
199 F.

José Pierre.
Guy Johnson.
195 F.
L'Aventure surréaliste autour d'André Breton.
230 F.

Jacques Baron.
Anthologie plastique du surréalisme.
380 F.

Didier Semin.
Victor Brauner.
950 F.

Alain Sayag.
Hans Bellmer, photographe.
178 F.

Paul Brach.
John Kacere.
279 F.

Pour recevoir notre catalogue directement chez vous,
il vous suffit de nous envoyer 4,40 F en timbres
(France métropolitaine uniquement)
6 F pour les DOM-TOM
à
Editions Filipacchi-Société SONODIP,
63, avenue des Champs-Elysées
75008 Paris
sans omettre de bien préciser vos nom et adresse
en lettres majuscules de préférence.

*Cet ouvrage
a été composé
par l'Imprimerie BUSSIÈRE
et imprimé
sur presse CAMERON
dans les ateliers de la S.E.P.C.
à Saint-Amand-Montrond (Cher)
en janvier 1994*

Illustration de couverture :
Sandro Botticelli : la Naissance de Vénus.
1485. (Détail.)
Galerie des Offices, Florence.
X.(D.R.)

Traduction :
Stéphane Guirriec

N° d'éditeur : 1305. N° d'impression : 2976-3230.
Dépôt légal : février 1994.
Imprimé en France
ISBN : 2 85018 333 4